나는야
초등 뉴스왕

현직 교사 4인이 선정한 60가지 교과 연계 이슈

임영진 · 엄월영 · 진향숙 · 황선영 지음

머리말

기사 한 줄로 세상과 연결되는 경험

   어리기만 한 줄 알았던 아이들이 교실에서, 저녁 먹는 식탁에서 세상 돌아가는 이야기를 하나둘 꺼냅니다. 그때 느꼈던 놀라움이 아직도 생생하게 떠오릅니다. "그걸 어떻게 알았니?"라는 물음에 "뉴스에서 봤어요" "인터넷 기사로 읽었어요"라고 대답하는 아이의 말을 들으며 이 조그마한 아이들도 눈과 귀로 세상의 변화를 인식하고 있구나, 깨달았습니다.

   세상이 변화하고 있다는 걸 느끼기 시작한 아이들에게 신문만 제공해 주면 저절로 술술 잘 읽고, 지식과 세상을 바라보는 식견을 스스로 차곡차곡 쌓을 줄 알았습니다. 그런데 웬걸요? 어른들이 읽는 신문 기사 중 쉽다 싶은 걸 제공해 주었는데도 아이들의 흥미는 금방 떨어져 버렸어요. 당황스러웠습니다. 신문 읽기 활동은 그 당황스러움에서 출발하여 아이들이 신문 읽기에 익숙해질 때까지 꾸준히 이어 나갔습니다.

   그 과정에서 많은 시행착오를 겪어가며 알게 되었습니다. 한 걸음 한 걸음 조심스레 내딛는 걸음마에서 시작해 능숙하게 걸을 수 있는 아이가 되기까지 여러 발달 단계를 거치듯, 신문을 읽는 것도 아이들이 쉽게 따라갈 수 있는 눈높이 단계가 있다면 처음에 가졌던 흥미가 계속 이어진다는 것을요.

그리고 체득한 또 한 가지는 학교에서 배우는 내용이 세상과 연결될 때 아이들의 흥미와 호기심이 더욱 깊어진다는 것이었습니다. 국어, 영어, 수학, 과학, 사회, 음악, 미술, 실과 등 학교에서 배우는 과목은 아주 다양합니다. 이렇게 학교에서 배우는 여러 지식을 신문 속에서 발견하게 될 때, '사회로 세상 보기' '과학으로 세상 보기' '수학으로 세상 보기'를 하는 아이들을 지켜볼 수 있었습니다.

신문은 사회의 다양한 소식들을 담은 무궁무진한 정보의 창고입니다. 그런 만큼 아이들에게 어려운 주제와 표현들도 많지요. 아이들이 읽는 신문은 아이들에게 맞는 내용으로 구성되어야 합니다. 아이들이 이해하기 어려운 주제와 표현, 편향된 관점은 제외해야 합니다. 그래서 《나는야 초등 뉴스왕》은 독자의 나이를 고려하여 단계를 나누었고, '어려운 어휘는 쉽게' '긴 지문은 간략하게'로 시작하여 점점 길이도 늘리고 어휘와 기사의 난이도도 높여 갔습니다. 또 단순히 기사를 이해하는 활동에서 그치지 않고, 기사를 통해 사회를 깊이 탐구해볼 수 있도록 돕는 과정들을 함께 넣었습니다.

문해력 성장의 기본인 어휘를 익히고 문장과 문장, 문단과 문단 간의 논리적인 연결을 이해하는 것은 신문을 꼼꼼히 제대로 읽는 것을 통해 자연스레 쌓입니다. 기사 속의 내용과 나를 연결하며 세상과의 연관성을 알게 되고 쌓인 지식의 쓸모와 타인에 대한 공감도 깊어지게 됩니다.

《나는야 초등 뉴스왕》을 통해 지금 학교에서 배우고 있는 것을 세상과 연결 짓는 경험을 하고 한 줄의 기사로도 깊이 생각해 보는 연습을 해봄으로써 한 단계 성장하고 발전할 것이라 믿습니다. 이 책이 아이들의 성장에 보탬이 되는 밑거름이 되길 바랍니다.

2024년 3월
저자 4인을 대표하여 임영진

나는야 초등 뉴스왕 CONTENTS

차 례

- 머리말 | 기사 한 줄로 세상과 연결되는 경험 ········ 4

뉴스 읽기 초보

- 스마트팜, 농업을 바꾸다 ········ 12
- 여행을 갈 땐 지도 앱을 활용해 보세요 ········ 14
- 재난 문자 서비스도 개선이 필요해! ········ 16
- 드론으로 디지털 영상 지도를 만들어요! ········ 18
- 다시 찾은 문화유산 기념 우표 발행 ········ 20
- '철의 왕국' 가야의 유적지를 주목하세요! ········ 22
- 일제 강점기 때 사람 이름만 강제로 바꾼 게 아니라고? ········ 24
- 독도를 지킨 해녀를 기억합니다 ········ 26
- "엄마, 나도 밭 갈아 볼래요!" 늘어나는 농촌 유학 ········ 28
- 원산지를 속이면 안 돼! ········ 30
- 지역의 특색을 살린 식품들의 전쟁 ········ 32
- 조리 도구가 건강을 해칠 수 있다고? ········ 34
- 지구를 잡아먹는 대형 산불 ········ 36
- 인종 차별을 없애기 위한 FIFA의 노력 ········ 38
- 명절 문화가 달라지고 있어요! ········ 40

뉴스 읽기 기본

- 말 없는 마차와 혼자서 달리는 자동차 ——— 44
- 전 세계를 누비는 K-푸드 열풍! ——— 46
- 친환경 건축의 대명사, 한옥 ——— 48
- 손상된 화폐를 쌓으면 에베레스트산 높이의 16배가 된다? ——— 50
- 내 손으로 우리 마을을 지켜요! ——— 52
- 서로 주고받으며 상생해요 ——— 54
- 결혼에 대한 가치관이 변하고 있어요! ——— 56
- 인구 소멸의 시대 ——— 58
- 아빠도 출산 휴가가 필요해요 ——— 60
- 농촌에 일손이 없으면 우리가 먹을 쌀은 누가 기를까? ——— 62
- 세계 최초! 심야 자율주행 버스가 운행해요 ——— 64
- 김연아 선수의 스케이트가 박물관에? ——— 66
- 동계 스포츠의 중심지는 어디? ——— 68
- 무궁무진한 전화기의 발전 ——— 70

뉴스 읽기 심화

- 우리나라에서 가장 많이 발생하는 암은 무엇일까요? 74
- '나 혼자 산다!' 늘어나는 나 홀로 가구 77
- 나날이 발전하는 AI, 이대로 괜찮을까? 80
- 이제, 전라북도라고 부르지 마세요 83
- 세계 최초로 아프리카를 포함한 세계 지도를 제작한 나라는? 86
- 대한민국을 덮치는 자연재해를 조심해요! 89
- 쌀밥 없이 살 수 있을까? 92
- 카카오의 나라, 코트디부아르를 아시나요? 94
- 골목 상권 살리기 프로젝트 97
- 대형 마트와 전통 시장, 상생할 수는 없을까? 100
- 종이가 없어도 문제없어요 103
- 멀어지는 통일? 남북 관계에 적신호가 떴다! 106
- 이젠 유모차보다 개모차! 109
- 바다에서 벌어지는 소리 없는 전쟁 112
- '문화재'가 '국가유산'으로 이름이 바뀌어요! 115

뉴스 읽기 완성

- 세계에서 가장 나이 든 나라 ······ 120
- 소각장 설치로 싸우는 서울시와 마포구, 승자는 누구? ······ 123
- 위험에 빠진 청소년을 보호해 주세요! ······ 126
- 선거철 가짜 뉴스를 조심하세요 ······ 129
- 2023년 노벨평화상 수상자 나르게스 모하마디 ······ 132
- 경공업 수출이 30년 만에 최고! ······ 135
- 미래의 먹거리, 반도체 ······ 138
- 독도 넘보는 일본에 이어 이어도를 넘보는 중국 ······ 141
- 우리나라에는 해저 지형 지도가 있다! ······ 144
- 지구촌을 위협하는 갈등, 종교 분쟁을 멈춰 주세요! ······ 147
- '기후 난민'이라는 말 들어 보셨나요? ······ 150
- 북극의 자원을 사수하라! ······ 153
- 비상! 경복궁에 테러가 일어났다! ······ 156
- 메타버스가 만드는 내 손 안의 미술관 ······ 159
- 미얀마에도 봄이 올까요? ······ 162
- 광개토대왕릉비, 디지털 영상으로 재탄생하다 ······ 165

부록

- 기사별 연계 교과 알아보기 ······ 170
- 정답 ······ 174

나는야 초등 뉴스왕
ELEMENTARY NEWS KING

— 뉴스 읽기 초보 —

연계 교과 과정 | 3학년 2학기   1. 환경에 따라 다른 삶의 모습

스마트팜, 농업을 바꾸다

신문 읽기 전, 지식 챙기기

스마트팜은 스마트(smart, 영리한)와 팜(farm, 농장)을 더해 생긴 말이에요. 농업에 빅데이터, 사물인터넷 같은 첨단 기술을 활용해요. 스마트팜은 위기와 자연 재난, 폭발적인 인구 증가로 인한 인류의 미래 식량 위기를 해결할 대안이 될 수 있어요.

농부가 농업용 기계로 농사를 짓던 농업이 인공지능(AI), 로봇 기술과 결합하면서 점점 첨단 산업으로 변화하고 있어요. 이렇게 새로운 기술과 결합해 바뀐 농업을 스마트팜이라 불러요. 스마트팜의 첨단 기술을 활용하면 농작물이 잘 자랄 수 있는 환경을 만들어 농작물의 생산량은 높이고, 키우는 데 드는 에너지를 줄일 수 있게 되죠. 또, 농작물이 병충해나 바이러스에 감염되더라도 효과적으로 대처할 수 있고, 태풍이나 가뭄, 폭설 등 자연재해의 영향을 덜 받으니 신선하고 안전한 먹거리를 안정적으로 생산할 수 있어요.

농촌은 인구 감소와 고령화로 인해 일손이 늘 부족해요. 지역 사회는 농촌을 위해 스마트팜에 관한 교육과 지원을 늘리려고 노력하고 있어요. 농업인을 희망하는 젊은이들이 생겨나고 해외의 스마트팜 성공 사례가 알려지자, 우리나라에서도 스마트팜에 대한 관심이 커졌어요.

2023년 작년 한 해 한국 스마트팜 사업은 총 2억 5,510만 달러(약 3,402억 원)어치의 생산물을 다른 나라에 수출할 정도로 많은 성장을 했고, 앞으로도 더 많이 성장할 것으로 예상돼요. 관련 기술이 하루가 다르게 발달하고 있는 만큼 최근에는 농업뿐 아니라 축산업, 수산업, 임업으로도 스마트팜이 확대되고 있어요. 앞으로 스마트팜이 가져다줄 농어촌의 많은 변화가 기대되네요.

기사 더 알아보기

1. 기사의 내용을 확인해 보세요.

인공지능(AI), 로봇 기술 같은 첨단 기술을 활용하는 농업을 ☐☐☐☐ 이라고 해요.

2. 맞으면 O, 틀리면 X 하세요.

- 스마트팜의 첨단 기술을 활용하면 농작물이 자랄 때 필요한 최적의 환경을 만들 수 있어요. ☐
- 스마트팜은 자연재해의 영향을 많이 받고 병충해에 잘 대처하지 못해요. ☐
- 최근에는 농업뿐 아니라 축산업, 수산업, 임업 등으로 스마트팜이 확대되고 있어요. ☐

3. 깊이 탐구해 보세요.

- 스마트팜으로 농사를 짓는 일이 많아지면 농촌의 모습은 어떻게 변할까요? 스마트팜으로 인해 변화될 농촌의 미래를 상상해 보세요.

―――――――――――――――――――――――――――

―――――――――――――――――――――――――――

어휘 알아보기

첨단 산업 : 여러 가지 높은 기술들이 모인 산업으로, 인공지능·로켓·우주과학·나노 기술 등을 말해요.
고령화 : 어느 사회의 전체 인구 중에서 노인의 인구 비율이 높은 상태를 말해요.
축산업 : 소·말·돼지·닭 같은 가축을 기르고 여기서 나온 생산물을 이용해 고기, 우유, 치즈같이 사람의 생활에 필요한 것을 만드는 일이에요.
수산업 : 물고기·조개 등을 잡는 어업, 김·굴 등을 인공적으로 양식하는 양식업, 수산물을 원료로 냉동·건어·통조림 등을 만드는 가공업 등을 통틀어 말해요.
임업 : 임산물에서 얻는 경제적 이익을 위하여 산림을 경영하는 산업이에요.

연계 교과 과정 | 3학년 1학기 1. 우리 고장의 모습

여행을 갈 땐 지도 앱을 활용해 보세요

신문 읽기 전, 지식 챙기기
지도란 위에서 내려다본 땅의 실제 모습을 일정하게 줄여서 나타낸 것을 말해요. 정해진 약속에 따라 색이나 기호 등을 사용하여 이해하기 쉽게 나타냈어요.

지도라고 하면 보통 '목적지까지 가는 길을 찾는 데 활용하는 것'이라고 생각하기 쉬워요. 하지만 스마트폰과 인공지능 덕분에 지도의 쓰임새가 더 다양해지고 있어요. 스마트폰 지도 앱을 열면 관심 지역의 음식점과 커피숍 등 식사를 해결할 곳과 호텔, 리조트 등의 숙박 시설을 찾을 수 있어요. 그뿐만 아니라 영화관, 미술관, 박물관, 도서관, 관광 명소 같은 즐길 거리는 물론이고 쇼핑센터와 주유소, 미용실, 병원, 주차장 등의 생활 편의 시설까지 쉽게 찾아볼 수 있어요.

지도 앱은 특히 맛집을 찾을 때 유용해요. 지도 앱에서 식당을 검색하면 각 식당의 음식 사진을 살펴볼 수 있어 메뉴 선택에 도움을 받을 수도 있고, 직접 방문하지 않아도 예약과 주문까지 가능해요. 또 이미 방문한 사람들이 올린 후기를 볼 수 있어서 음식의 맛과 식당의 분위기, 위생 상태나 서비스 수준을 짐작해 볼 수도 있지요. 지금 당장은 방문할 예정이 없지만 나중에라도 방문해보고 싶은 식당이 있다면 저장 기능을 통해 앱에 정보를 기록해둘 수 있어 내가 가보고 싶은 맛집들의 리스트를 만들 수도 있어요.

지도 앱 중에는 여행지 인근의 맛집 찾기는 물론 숙소, 항공권 등을 예약할 수 있는 예약 서비스가 가능한 앱도 있어서, 길을 알려주는 기본적인 지도의 역할을 넘어 여행에 필요한 다양한 정보를 제공하는 서비스로 확대되고 있어요.

기사 더 알아보기

1. 기사의 내용을 확인해 보세요.

□□ 란 위에서 내려다본 땅의 실제 모습을 일정하게 줄여서 나타낸 것을 말해요.

2. 맞으면 O, 틀리면 X 하세요.

- 지도는 목적지까지 가는 길을 찾는 데만 활용돼요. □
- 스마트폰 지도 앱을 활용하면 식당의 메뉴와 음식 사진을 볼 수 있어요. □
- 스마트폰 지도 앱은 여행에 필요한 다양한 정보를 제공하고 있으며, 점차 더 다양한 서비스가 확대될 거예요. □

3. 깊이 탐구해 보세요.

- 스마트폰 지도 앱의 장점을 한 가지 써 보세요.

_____

_____

- 부모님과 함께 스마트폰 지도 앱에서 가보고 싶은 맛집을 한 군데 찾아 소개해 보세요.

_____

_____

 ## 어휘 알아보기

인공지능 : 컴퓨터가 인간처럼 생각하고 학습하고 판단하여 스스로 행동하도록 만드는 기술을 뜻해요.
리조트 : 호텔처럼 여행지나 휴양지에서 이용할 수 있는 숙박시설 중의 하나예요.
관광 명소 : 여행하기 좋아 이름이 널리 알려진 곳을 말해요.
생활 편의 시설 : 우리 생활을 편리하게 해 주는데 필요한 여러 시설을 말해요. 예를 들어 음식점, 병원, 관공서, 교통 시설, 쇼핑센터, 문화 시설 등이 있어요.

연계 교과 과정 | 3학년 1학기   3. 교통과 통신수단의 변화

재난 문자 서비스도 개선이 필요해!

신문 읽기 전, 지식 챙기기

우리 조상들은 봉수대에서 낮에는 연기, 밤에는 횃불을 피워 소식을 전하거나 무늬를 그려 넣은 연으로 적이 알지 못하게 신호를 보내는 방식으로 위급한 상황을 전했어요. 요즘은 휴대전화의 앱이나 문자, 텔레비전, 인터넷 등의 다양한 통신 수단을 통해 긴급한 소식을 빠르게 전달해요.

- 눈, 비로 인한 도로 결빙 우려
- 가을철 산불 예방을 위해 화기 엄금
- 강우 예보로 하천변 출입 자제 및 침수 지역 접근 금지

  최근 발송된 재난 문자예요. 재난 문자란 태풍이나 홍수 같은 위험한 일이 일어날 때 정부가 휴대전화 문자를 통해 주민들에게 안내를 보내는 서비스예요. 이 재난 문자를 보면 '결빙', '화기 엄금', '강우', '침수 지역'과 같은 한자어로 된 말들이 많아요. 그래서 한국에 사는 외국인 주민들은 재난 문자의 내용을 알 수 없어 어려움을 겪고 있다고 해요.

  이런 문제를 해결하고자 정부는 외국인들도 공공 서비스 이용에 불편함이 없도록 한글 중심으로 이루어지고 있는 공공 행정 서비스를 적극적으로 고치겠다고 밝혔어요. 현재 우리나라의 외국인 주민은 약 226만 명으로 우리나라 총인구의 4.4%를 차지해요. 이렇게 많은 외국인 주민의 편의를 위해 정부는 베트남어, 태국어, 러시아어 등 국내에 거주하는 외국인들이 많이 사용하는 다양한 언어들로 재난 안전 문자를 보내려고 준비 중이라고 합니다.

  또 대전광역시 소방본부는 대전에 사는 2만여 명의 외국인과 대전을 방문하는 외국인 관광객들이 119 신고에 어려움을 겪지 않도록 인공 지능(AI)을 활용한 실시간 문자 번역 시스템을 개발했어요. 외국어로 119에 신고 문자를 보내면 AI가 한국어

로 자동 번역해 주는 방식이지요. 이 시스템으로 번역이 가능한 언어는 영어와 중국어, 베트남어 등 10개이고 영어와 중국어는 음성 인식도 가능하다고 해요.

기사 더 알아보기

1. 기사의 내용을 확인해 보세요.

외국인 주민의 편의를 위해 정부는 다양한 언어들로 ☐☐ ☐☐ 를 보내려고 준비 중이에요.

2. 맞으면 O, 틀리면 X 하세요.
- 외국인 주민들이 한자어로 된 재난 문자의 내용을 알기 어려워 어려움을 겪고 있다고 해요. ☐
- 현재 우리나라의 외국인 주민은 약 226만 명으로 우리나라 총인구의 14%를 차지해요. ☐
- 대전광역시 소방본부는 인공 지능을 활용하여 10개 언어의 음성 인식 번역 시스템을 개발했어요. ☐

3. 깊이 탐구해 보세요.
- 외국인 주민들도 안전한 생활을 할 수 있도록 또 어떤 공공 서비스를 개발하면 좋을지 생각해 보세요.

_____

_____

어휘 알아보기

결빙 : 물이 얼어 얼음이 되는 것을 뜻해요.
화기 엄금 : 화재를 일으킬만한 것들을 엄격하게 금지한다는 뜻이에요.
강우 : 비가 내리는 것을 말해요.
침수 지역 : 장마나 해일 등으로 인해 물에 잠긴 곳을 말해요.
공공 서비스 : 교육, 교통, 의료 서비스 등 국가나 공공 단체에서 공공의 복지를 위해 제공하는 서비스를 말해요.

연계 교과 과정 | 3학년 1학기   1. 우리 고장의 모습

드론으로 디지털 영상 지도를 만들어요!

신문 읽기 전, 지식 챙기기
디지털 영상 지도는 인공위성이나 비행기에서 찍은 사진을 디지털 기기로 이용할 수 있도록 만든 지도를 말해요. 우리 고장의 전체적인 모습과 자세한 모습을 살펴볼 수 있어요.

몇몇 시도에서는 드론 조종 자격증을 가진 전문가를 뽑거나 직원 중에서 드론 자격증을 가진 사람을 통해 자체 디지털 영상 지도를 제작하고 있어요. 울산 동구는 새로 뽑은 드론 전문가를 통해 동구 지역의 정밀한 항공 사진을 찍어 디지털 영상 지도를 제작했다고 해요. 지난 2020년부터 대왕암공원, 주전몽돌해변 등의 관광지를 중심으로 조감도와 항공 사진을 자체적으로 만들어 왔어요. 이것은 토지의 쓰임을 나타내는 지도인 지적도와 실제로 사용하고 있는 땅의 경계 차이를 확인하고, 개발 제한 구역을 불법으로 사용하지 않는지 점검하는 용도로 활용돼요. 또한 건설, 교통 등 도시개발 계획을 세우는 데 쓰이기도 해요.

충청남도는 2016년부터 드론 전담팀을 만들고 드론을 적극적으로 활용하고 있어요. 청양군은 드론 영상을 이용해 디지털 영상 지도를 제작해 '스마트 농촌' 조성에 힘쓰고 있다고 해요.

드론 전문가를 뽑아 드론으로 영상을 촬영한 덕분에 더 자세하고 높은 화질의 지도를 얻을 수 있게 되었어요. 그뿐만 아니라 영상 업데이트 기간도 3년에서 6개월~1년 정도로 짧아져서 더 최신 지도를 얻을 수 있어요. 또한 드론 촬영을 외부 업체에 맡기는 것보다 비용도 크게 아낄 수 있다고 해요. 이런 이점 때문에 앞으로 더 많은 분야에

드론을 활용하여 업무에 필요한 디지털 영상 지도를 자체 제작할 것이라고 해요.

기사 더 알아보기

1. 기사의 내용을 확인해 보세요.
인공위성이나 비행기에서 찍은 사진을 디지털 기기로 이용할 수 있도록 만든 지도를 □□□ □□ □□ 라고 해요.

2. 맞으면 O, 틀리면 X 하세요.
- 울산 동구는 드론 업체에 맡겨 디지털 영상 지도를 제작했어요.
- 청양군은 드론을 활용해 디지털 영상 지도를 제작하고 스마트 농촌 조성에 힘쓰고 있어요.
- 드론 촬영을 외부 업체에 맡기면 비용도 저렴하고 일도 줄일 수 있어요.

3. 깊이 탐구해 보세요.
- 디지털 영상 지도를 만드는 데 드론을 이용하면 좋은 점은 무엇인가요?

_____

_____

어휘 알아보기

정밀 : 빈틈이 없고 아주 자세하고 정확하다는 뜻이에요.
항공 사진 : 비행 중인 항공기에서 사진기로 지상을 찍은 사진을 말해요.
조감도 : 땅을 하늘에서 비스듬히 내려다보았을 때 모양을 그린 그림이에요.
지적도 : 땅의 쓰임을 나타내는 지도예요.
개발 제한 구역 : 도시가 무질서하게 커지는 것을 막고 환경을 보전하기 위해 남겨둔 녹지대예요.
건설 : 건물, 설비, 시설 등을 새로 만들어 세우는 것을 말해요.

연계 교과 과정 | 3학년 1학기   2. 우리가 알아보는 고장 이야기

다시 찾은 문화유산 기념 우표 발행

신문 읽기 전, 지식 챙기기

우정(郵政)이란 '편지나 물건을 나르는 일'을 뜻하는 말이에요. 우정사업본부는 편지나 물건뿐 아니라 은행에서 보는 금융 업무 등의 서비스를 제공하는 기관이지요. 우리가 잘 아는 우체국도 바로 이 우정사업본부에 속해 있어요.

　우리나라에는 직지심체요절처럼 전쟁 때 빼앗겨 해외의 유명 박물관에 보관되어 있거나 도난을 당해 해외로 유출되어 찾지 못하고 있는 문화재가 매우 많아요. 해외로 유출된 우리 문화재가 약 22만 점이라고 하니 엄청난 숫자이지요.

　문화재에는 우리 조상들의 정신과 우리 문화가 고스란히 담겨있어요. 그래서 정부는 해외로 유출된 문화재를 찾아오기 위해 캠페인도 벌이고 직접 문화재를 구입해 오기도 하는 등 우리의 문화유산을 되찾기 위해 애쓰고 있지요. 이러한 노력 덕분에 다양한 문화유산들이 제자리를 찾아 우리나라로 돌아오고 있어요.

　이렇게 해외에 있는 우리 문화재 중 우리나라로 다시 가져오게 된 문화재를 환수 문화유산이라고 부르는데요. 문화재청은 세계 곳곳에 흩어져 있는 우리 문화재 약 22만 점에 대한 국민의 관심과 이해를 높이기 위해 우정사업본부와 협업해 '환수 문화유산' 기념 우표를 발행했어요. 기념 우표에는 나전국화넝쿨무늬상자, 일영원구, 열성어필, 백자동채통형병까지 총 4점의 문화유산의 사진이 담겨 있어요. 이 문화유산들은 최근 2년간 문화재청과 국외소재문화재재단이 외국에서 환수한 문화유산들이랍니다.

　환수 문화유산 기념 우표는 우정사업본부에서 60만 8,000장이 발행되었는데, 가까운 우체국을 방문하거나 인터넷우체국을 통해 구매할 수 있다고 하네요. 기념 우표를 통해 우리나라의 역사와 문화가 담긴 문화재에 대한 국민들의 관심이 더욱 높아지길 바랍니다.

기사 더 알아보기

1. 기사의 내용을 확인해 보세요.

해외에 유출된 우리 문화재 중 우리나라로 다시 가져오게 된 문화재를 □□ □□□□ 이라고 해요.

2. 맞으면 O, 틀리면 X 하세요.

- 해외로 유출되어 찾지 못하고 있는 우리 문화재가 약 22만 점이나 있어요. □
- 문화재청은 국립중앙박물관과 협업해 환수 문화유산 기념 우표를 제작했어요. □
- 환수 문화유산 기념 우표는 인터넷 우체국을 통해서만 판매해요. □

3. 깊이 탐구해 보세요.

- 아직 환수되지 않은 우리 문화유산에 대해 알아보고 그중 가장 먼저 환수하고 싶은 문화재를 골라 소개해 보세요.

_____

_____

어휘 알아보기

직지심체요절 : 고려 공민왕 때 석가모니의 말씀에 대한 해설을 담아 지은 책으로 세계 최초의 금속 활자본이에요. 현재 프랑스 국립 도서관에 소장되어 있으며 2001년에 유네스코 세계 기록 유산으로 지정되었어요.

유출 : 귀중한 정보나 물품이 외부로 새어 나가는 것을 말해요.

캠페인 : 사회적, 정치적인 목적을 위해 대중을 상대로 지속적으로 행하는 운동을 말해요.

환수 : 도로 거두어들이는 것을 말해요.

협업 : 여러 노동자들이 협동해 계획적으로 일하는 것을 말해요.

연계 교과 과정 | 3학년 1학기   2. 우리가 알아보는 고장 이야기

'철의 왕국' 가야의 유적지를 주목하세요!

신문 읽기 전, 지식 챙기기

국제 연합 전문 기구인 유네스코는 인류가 보존하고 보호해야 할 소중한 문화와 자연유산을 '세계유산'으로 지정해 왔어요. 세계유산에는 역사적으로 중요한 가치를 지니는 문화유산과 지구의 역사를 잘 나타내고 있는 자연유산, 그리고 그 두 가지 특징을 동시에 갖는 복합유산이 있지요.

우리나라에는 석굴암과 불국사, 종묘, 창덕궁 등을 포함한 14개의 문화유산과 2개의 자연유산이 유네스코가 선정한 세계 문화유산으로으로 등재되어 있어요. 우리나라의 경우 14개의 문화유산을 제외하고는 2007년에 처음으로 제주 화산섬과 용암동굴이 자연유산으로 등재되었어요. 2021년에는 '한국의 갯벌'이 "지구 생물 다양성의 보존을 위해 세계적으로 가장 중요하고 의미 있는 서식지 중 하나이며, 특히 멸종위기 철새의 기착지로서 가치가 크다"며 자연유산으로 등재되었지요.

그중에서도 주목할 것은 최근 유네스코 문화유산으로 선정된 '가야 고분군'이에요. 고분군이란 고대 시대의 무덤인 '고분'이 여러 개 모여 있는 것을 뜻하는데요. 이번에 세계 문화유산으로 선정된 가야 고분군은 고대 문명인 가야를 대표하는 7개의 고분군으로 이루어져 있어요. 2018년부터 가야 고분군 안에 있던 국보 수준의 가치를 가진 유물들이 발굴되면서 고분군의 역사적인 가치를 인정받게 되었지요. 고분군에서 발굴된 유물들 중 '철의 왕국' 가야를 보여주는 철제 갑옷과 철제 무기류, 가야 금동관, 7개의 방울이 달린 청동칠두령 등이 보물로 지정되었답니다.

가야 고분군이 세계유산으로 지정된 이후. 7개의 고분군 중 5개가 있는 경상남도에서는 고분군을 방문하는 해외 단체 관광객을 위한 환영 행사를 열기도 하며 우리나라의 문화유산을 널리 홍보하려는 노력도 아끼지 않고 있다고 해요.

기사 더 알아보기

1. 기사의 내용을 확인해 보세요.

유네스코가 세계유산으로 선정한 ☐☐ ☐☐☐ 은 우리나라에서 16번째로 등재되는 세계유산이에요.

2. 맞으면 O, 틀리면 X 하세요.

- 가야 고분군은 고대 문명인 가야를 대표하는 7개의 고분군으로 이루어져 있어요 ☐
- 우리나라의 제주 화산섬과 용암동굴, 갯벌이 유네스코 자연유산으로 등재되어 있어요. ☐
- '청동기의 왕국' 가야를 보여주는 청동칠두령이 보물로 지정되었어요. ☐

3. 깊이 탐구해 보세요.

- 우리나라의 16가지 세계유산 중 기사에서 소개하고 있는 것 외의 다른 세계유산들을 조사해 보고 그중 하나를 골라 소개해 보세요.

_____

_____

 ### 어휘 알아보기

등재 : 어떠한 사항을 장부와 같은 곳에 기록해 올리는 걸 말해요.
다양성 : 모양이나 빛깔, 형태나 양식 등 여러 가지 양상을 가진 특성을 말해요.
서식지 : 동물이 일정한 장소에 보금자리를 만들어 사는 곳을 말해요.
기착지 : 목적지로 가는 도중에 잠시 들르는 곳을 말해요.
청동칠두령 : 종교 의식을 치를 때 손에 들고 흔들어 소리를 내던 청동 장식이에요.

연계 교과 과정 | 5학년 2학기   2. 사회의 새로운 변화와 오늘날의 우리

일제 강점기 때 사람 이름만 강제로 바꾼 게 아니라고?

신문 읽기 전, 지식 챙기기

창씨개명이란 일제 강점기 당시 조선인의 이름을 일본식 성과 이름으로 강제로 바꾸게 한 것을 말해요. 일본은 창씨개명을 하지 않은 사람을 직장에서 해고하거나 학생은 학교에 다니지 못하게 했어요. 또한 교통편, 의료 시설을 이용하지 못하게 하고 식량 배급에서 제외하는 등 많은 불이익을 주었어요.

　일제 강점기 때 일본은 조선인의 성과 이름을 일본어로 강제로 바꾸게 했어요. 이것을 '창씨개명'이라고 해요. 그런데 일본은 조선인의 이름만 일본어로 바꾸게 한 것이 아니었어요. 조선의 지명도 바꾸었는데 이것을 '창지개명'이라고 해요. 순한글 지명을 한자 지명으로 바꾸고 일부 지명은 일본인들이 사용하기 편리한 일본식 지명으로 바꾸었어요.

　혹은 지명을 합하거나 없애기도 했어요. 용인의 신촌 마을과 갈천 마을을 합해 신갈동을 만들고 성남시의 분점리와 당우리의 분, 당 자를 합쳐서 분당동을 만드는 식이었지요.

　몇몇 시도에서는 창지개명으로 잃어버린 우리 고유 지명을 되찾는 운동을 펼치고 있어요. 경기도는 지명 되찾기 계획을 세우고 발표했어요. 하지만 창지개명된 지명을 되찾는 것은 쉽지 않은 일이라고 해요. 많은 예산이 소요되고, 긴 시간이 걸리기 때문이에요. 다시 지명을 바꿀 경우에 기존 주소들이 다 바뀌는 문제도 있어요. 그래서 아직 경기도에서도 계획을 발표하긴 했지만 적극적으로 실행이 되고 있지는 않아요.

　창지개명된 지명을 원래의 이름으로 되돌리는 일은 어렵지만 불가능한 일은 아니에요. 실제로 지명을 되찾은 사례도 있어요. 울산의 예인데, 조선소가 들어서면서 사라진 염포 성내마을 남쪽 해안에 쑥밭마을로 불리는 '애전마을'이 있었어요. 울산은

'예전'으로 잘못 쓰여 온 지역의 고유지명을 바로잡아 '애전'으로 변경했어요. 지명을 바로잡는 것은 지역의 역사와 정체성을 바로잡는 것과도 같아요. 울산시에서는 앞으로도 바른 지명이 쓰이도록 노력할 것이라고 해요.

기사 더 알아보기

1. 기사의 내용을 확인해 보세요.
일제 강점기 당시 조선의 땅 이름을 일본식으로 바꾼 것을 ☐☐☐☐ 이라고 해요.

2. 맞으면 O, 틀리면 X 하세요.
- 용인의 신갈동은 신흥 마을과 갈천 마을을 합해 만들어졌어요. ☐
- 창지개명된 지명을 되찾는 것은 어려운 일이기 때문에 아직 실행된 곳이 없어요. ☐
- 울산은 애전으로 불리던 지명을 예전으로 바로 잡았어요. ☐

3. 깊이 탐구해 보세요.
- 창지개명된 지명을 원래의 지명으로 되돌리는 것이 어려운 이유를 써 보세요.

_____

_____

어휘 알아보기

지명 : 마을이나 지방, 산천, 지역 등의 이름을 말해요.
예산 : 필요한 비용을 미리 헤아려 계산하는 것, 또는 그 비용을 이르는 말이에요.
소요 : 필요로 하거나 요구되는 것을 말해요.
조선소 : 배를 만드는 곳을 말해요.
정체성 : 어떤 존재가 원래 가지고 있는 특성 또는 그 특성을 가진 존재를 말해요.

연계 교과 과정 | 5학년 2학기   2. 사회의 새로운 변화와 오늘날의 우리

독도를 지킨 해녀를 기억합니다

신문 읽기 전, 지식 챙기기

해녀는 공기탱크 없이 간단한 잠수복과 오리발, 마스크를 착용하고 바닷물에 들어가 잠수를 하며 해산물을 채취하는 일을 해요. 유네스코에서는 제주해녀 문화를 인류무형문화유산으로 지정하였습니다. 독도의용수비대는 1953년부터 1956년까지 일본에 맞서 독도를 지켜낸 순수한 민간인 조직이에요.

경상북도 울릉군에 70여 년 전 독도의용수비대와 함께 독도를 지켜낸 제주해녀들을 기억할 수 있는 공간이 생겨요. 울릉군 북면 독도의용수비대 기념관 상설전시장에 제주해녀 홍보관이 설치되어 운영될 예정이에요.

제주해녀들은 일제 강점기부터 울릉도와 독도 어장까지 바깥 물질을 나갔는데요. 1945년 광복 이후부터는 독도의용수비대가 독도를 지키기 위한 물품과 비용을 마련하는 데 큰 기여를 했다고 해요. 제주해녀들은 독도 서도의 물골에서 몇 개월씩 머무르며 미역과 전복 등을 채취했어요. 물골은 독도에서 유일하게 빗물 고인 물이 있는 천연동굴로 해녀들은 이곳에 머물며 생활했다고 합니다. 그러다 날씨가 급격히 안 좋아져 해녀들이 있는 곳까지 식량을 전달하지 못하게 되면 괭이갈매기 알을 주워다 삶아 먹기도 했어요.

지금은 어업이 발달하여 배를 이용해 수산물을 채취하면서 해녀의 필요성이 사라지게 되었고 현재는 울릉도에 제주해녀가 8명 남아있다고 해요. 일반 민간인들도 살지 않는 독도에서 우리나라 영토인 독도를 지키고 독도 어장을 보호하는 숨은 주역이었던 제주해녀들. 대한민국 독도를 함께 지켜낸 제주해녀들의 가치와 위대함을 되새겨보는 시간이 되길 바라요.

사진: 〈제주도 해녀들〉, 1958, 한국정책방송원(https://www.ehistory.go.kr/)

기사 더 알아보기

1. 기사의 내용을 확인해 보세요.

☐☐☐☐들은 독도에서 물질을 하며 미역과 전복 등을 채취하면서 독도의용수비대와 함께 독도를 지키고 독도 어장을 보호하는 숨은 역할을 했어요.

2. 맞으면 O, 틀리면 X 하세요.

- 독도의용수비대 기념관 상설전시장에 제주해녀 홍보관을 설치해 운영하기로 했어요. ☐
- 제주해녀들은 독도에서 물질을 하면서 의용수비대가 독도를 지키기 위한 물품과 비용을 마련하는 데 큰 기여를 했어요. ☐
- 지금은 어업이 발달하면서 해녀의 필요성이 사라져 제주해녀가 하나도 남지 않았어요. ☐

3. 깊이 탐구해 보세요.

- 제주해녀들이 힘듦을 무릅쓰고 독도를 지켜낸 이유는 무엇이었을지 써 보세요.

_____

_____

어휘 알아보기

어장 : 고기잡이를 하는 곳을 말해요.
물질 : 해녀들이 바닷속에 들어가서 해산물을 따는 일을 말해요.
기여 : 도움이 되도록 함을 뜻해요.
민간인 : 관리나 군인이 아닌 보통 사람을 뜻해요.
주역 : 어떤 분야에서 중요한 일을 하는 사람을 뜻해요.

연계 교과 과정 | 4학년 2학기 1. 촌락과 도시의 생활 모습

"엄마, 나도 밭 갈아 볼래요!" 늘어나는 농촌 유학

신문 읽기 전, 지식 챙기기

농촌 유학은 도시에 사는 학생들이 일정 기간동안 농촌에 살며 현지의 농촌 학교를 다니는 것을 말합니다. 농촌의 인구가 줄어드는 문제는 점점 심각해지고 있는데요. 농촌 유학은 농촌에 젊은 인구를 유입하고 폐교의 위기를 막는 등 농촌에 활기를 불어넣을 수 있는 대안이 되고 있습니다.

요즘, 도시에서 시골로 유학을 가는 '농촌 유학'이 떠오르고 있어요. 우리가 유학을 떠올리면 지방에서 서울로 유학을 가거나, 외국으로 나가는 모습을 상상하기 쉬운데요. 최근에는 도시에서 농촌으로 유학을 떠나는 활동이 인기를 얻고 있다고 합니다.

이렇게 농촌 유학이 인기를 얻고 있는 이유는 여러 장점이 있기 때문이에요. 농촌 유학에 참여하는 학생들은 농촌에서 생활하며 논밭, 산, 강, 바다 등 자연과 더욱 가까워지고 각종 동식물도 쉽게 만날 수 있어요. 더불어 직접 농사를 체험하는 등 기존 도시에서의 학교에서는 하지 못했던 경험도 할 수 있지요. 또한 도시의 학교에 비해 소규모 학급에서 학교생활을 할 수 있어요. 도시의 학교에는 학생이 많기 때문에 학교에도 한 반의 학생 수가 많은 편이죠. 하지만 농촌 학교들은 대부분 학생 수가 적어 선생님이 학생 개개인에게 큰 관심을 줄 수 있고 다양한 방과 후 프로그램 등에 참여하기 좋아요.

이러한 농촌 유학은 학생들뿐만 아니라 농촌 지역에도 긍정적인 영향을 준답니다. 많은 농촌 학교들은 인구 감소로 인해 학생이 없어 심각한 경우 학교가 문을 닫는 폐교의 위기에 놓이기도 해요. 그런데 외부에서 농촌으로 유학생들이 들어오면서 학교는 폐교의 위기에서 벗어날 수 있고, 농촌에 사람이 늘어나며 지역에 새로운 활기를 불어넣어 줘요.

이렇게 시골의 작은 학교를 살리고 도시의 학생들에게는 자연과 함께하는 기회를 제공해주는 농촌 유학의 규모는 점점 확대되고 있어요.

 기사 더 알아보기

1. 기사의 내용을 확인해 보세요.
도시에 사는 학생들이 일정 기간 농촌에 살며 현지의 농촌 학교에 다니는 것을 ☐☐ ☐☐ 이라고 해요.

2. 맞으면 O, 틀리면 X 하세요.
- 농촌 유학을 통해 학생들은 자연과 더욱 가까워지고 도시에서 하지 못한 다양한 체험을 할 수 있어요. ☐
- 농촌 유학으로 오는 학생들로 인해 농촌에 여러 문제점이 발생하며 부정적인 영향을 줘요. ☐
- 농촌 유학의 규모는 점점 커지고 있어요. ☐

3. 깊이 탐구해 보세요.
- 농촌 유학이 가지는 장점을 '체험하는 학생의 입장'과 '농촌 마을의 입장'에서 써 보세요.

  학생 : _____

  농촌 : _____

 어휘 알아보기

유학 : 다른 지역이나 외국에 머물면서 공부를 하는 것을 말해요.
인구 감소 : 특정한 나라나 지역에 살고 있는 사람 수가 줄어드는 것을 말해요.
폐교 : 학교 운영을 그만두어 문을 닫는 학교를 뜻해요.

연계 교과 과정 | 4학년 2학기   2. 필요한 것의 생산과 교환

원산지를 속이면 안 돼!

신문 읽기 전, 지식 챙기기

2011년 일본 후쿠시마 원자력 발전소 사고로 인해 방사능에 오염된 물이 계속 생겨나고 있는데요. 이에 결국 2023년부터 일본은 방사능 오염수를 바다에 버리기로 해요. 방사능 오염수는 인체에 해로운 영향을 주는 물질로 바닷물에 섞인 오염수가 우리에게 어떤 영향을 줄지 지켜봐야겠어요.

　일본의 후쿠시마 원전 오염수 방류 이후 일본산 수산물의 원산지를 표시하지 않거나 거짓으로 표시해 속이는 사례가 크게 늘었어요. 해양수산부의 발표에 따르면 일본산 수산물의 원산지 표시를 위반한 사례가 작년에 비해 2배 이상 증가했어요. 겨울철 대표 횟감인 방어의 경우 이번에 제주에서 7개의 업소가 원산지 표시를 위반한 채 일본산 방어를 판매했다가 적발되었는데, 그 양이 무려 4톤을 훨씬 넘긴다고 해요.

　농산물과 수산물, 축산물의 원산지는 국산은 물론 수입산 모두 푯말이나 표시판으로 명확하게 표기해야 해요. 국산일 경우 국산 또는 서울시, 경기도와 같이 '시·도'의 이름을 표시해야 하고, 수입산일 경우 수입한 나라의 이름을 써야 하지요.

　원산지를 거짓으로 쓰거나 표시하지 않은 경우에는 법적으로 처벌을 받아요. 조사에 따르면 원산지를 표시하지 않은 사례가 원산지를 거짓 표시한 것보다 2배 이상 많은데요. 그 이유는 원산지를 거짓 표시하는 것보다 표시를 안 하는 편이 약한 처벌을 받기 때문이에요.

　후쿠시마 방사능 오염수 방류로 인해 일본산 수산물에 대한 국민들의 걱정이 깊어지고 있어요. 이에 따라 국민들이 안심하고 먹을 수 있는 안전한 먹거리를 보장하고 국내산 수산물을 더욱 많이 소비할 수 있도록 원산지 점검을 더욱 철저히 할 필요가 있어요.

기사 더 알아보기

1. 기사의 내용을 확인해 보세요.

일본의 후쿠시마 원전 오염수 방류 이후 일본산 수산물의 ☐☐☐ 를 표시하지 않거나 속이는 거짓 표시를 한 사례가 늘고 있어요.

2. 맞으면 O, 틀리면 X 하세요.

- 농산물, 수산물, 축산물은 원산지를 정확하게 표시해야 해요. ☐
- 원산지를 표시 안 하는 것보다 거짓 표시하는 것이 더 약한 처벌을 받아요. ☐
- 후쿠시마 방사능 오염수 방류로 인해 일본산 수산물에 대한 국민들의 걱정이 깊어지고 있어요. ☐

3. 깊이 탐구해 보세요.

- 우리가 자주 먹는 먹거리 중 하나를 골라 원산지를 확인해 봅시다.
(상품의 포장지나 메뉴판 등을 살펴보세요.)

_____

_____

어휘 알아보기

방류 : 모아서 가두어 둔 물을 흘려 보낸다는 뜻이에요.
원산지 : 원산지는 어떤 물건의 '재료가 만들어진 곳'을 뜻해요. 예를 들어 마트에서 파는 '봉지 삼계탕'의 재료인 닭이 미국에서 수입되었다면 이 제품의 주재료인 닭의 원산지는 미국이에요. '원산지'와 비슷한 말로는 '생산지'가 있는데요. 생산지는 어떤 '물건을 만들어내는 곳'을 뜻해요. '봉지 삼계탕'의 재료인 닭의 원산지가 미국이더라도, 국내 공장에서 상품이 만들어졌다면 이 상품의 생산지는 한국인 것이지요.
국산 : 자기 나라에서 생산한 물건을 뜻해요.
수입산 : 다른 나라에서부터 들여온 물건을 뜻해요.

연계 교과 과정 | 3학년 2학기   1. 환경에 따라 다른 삶의 모습

지역의 특색을 살린 식품들의 전쟁

신문 읽기 전, 지식 챙기기

고장에 따라 환경이 다르기 때문에 사람들의 식생활 모습이 달라져요. 각 고장의 환경에서 쉽게 구할 수 있는 재료를 사용하고, 환경에 따라 음식 만드는 방법도 다르기 때문이에요.

지역의 특색을 살린 음식 메뉴가 개발되고 있어요. 부산시는 맛 칼럼니스트 등 미식 전문가와 분야별 셰프 등 6명의 개발팀이 연구한 끝에 23종의 'B-FOOD'(부산 음식) 조리법을 개발했어요. 지역 특산물을 이용해 만든 음식으로는 부산 대저 지역에서 나는 짭잘이 토마토로 만든 스프나 우리나라에서 고구마를 처음으로 재배한 영도 조내기 마을의 고구마로 만든 뇨끼(파스타의 일종)와 같은 전채 요리가 있지요. 그뿐만 아니라 고등어를 올린 부산 솥밥과 철마 지역의 한우 너비아니 등 주요리를 포함하여 그 외 디저트, 다과 등도 만들어졌어요. 부산시는 다양한 매체를 통해 부산의 특색을 담은 부산 음식 23가지의 조리법을 홍보하고 각종 행사장과 호텔, 식당 등에서 맛볼 수 있도록 할 계획이에요.

농촌진흥청은 '향토 음식 활용 간편 조리 세트 공모전'을 개최했어요. 그 결과 양구 시래기 찜닭(강원 양구), 김치 된장 목살 찌개(충북 단양), 진안고원 시래기 등갈비찜(전북 진안), 매실 고추장 애호박 찌개(전남 광양), 이렇게 총 네 가지가 선정되었어요. 이 요리들은 강원특별자치도 양구군 펀치볼 지역에서 생산된 시래기, 단양 마늘, 진안 흑돼지 등갈비와 시래기, 광양 매실을 넣은 고추장 등 각 지역 특산품을 활용했어요.

식품 회사에서도 지역의 특색을 담은 지역식 탕·국·찌개를 가정 간편식으로 만들어 회사 경쟁력을 키우고 있어요. 산청식 우렁 된장국, 청주식 돼지 김치 짜글이, 종로식 도가니탕, 나주식 쇠고기 곰탕, 안동식 쇠고기 국밥, 대구식 쇠고기 육개장, 마포식 차돌 된장찌개 등이 출시되었지요.

이처럼 농촌진흥청과 각 지역의 노력을 통해 농특산물로 만든 특색 있는 음식이

개발되어 지역의 고유한 음식 문화를 알리고, 지역 경제에도 도움을 줄 수 있게 되었어요.

 기사 더 알아보기

1. 기사의 내용을 확인해 보세요.

각 고장의 ☐☐☐☐ 으로 만든 특색 있는 음식을 개발한다면 지역의 음식 문화도 알리고 지역 ☐☐ 에 보탬이 될 수 있어요.

2. 맞으면 O, 틀리면 X 하세요.

- 부산시는 23종의 'B-FOOD'(부산 음식) 조리법을 다양한 매체를 통해 홍보할 계획이에요. ☐
- 산림청은 향토 음식 활용 간편 조리 세트 공모전을 개최했어요. ☐
- 식품 회사는 지역의 특색을 담은 지역식 개발에 소홀한 편이에요. ☐

3. 깊이 탐구해 보세요.

- 우리 지역 특색을 살린 식품에는 무엇이 있나요? 조사해서 써 보세요.

_____

_____

 어휘 알아보기

특색 : 보통의 것과 다른 점을 말해요.
미식 : 좋은 음식 또는 좋은 음식을 먹는 것을 말해요.
전채 요리 : 식사 전 식욕을 돋우기 위해 먹는 음식이에요.
향토 음식 : 지역 고유의 전통음식이에요.

연계 교과 과정 | 3학년 2학기   2. 시대마다 다른 삶의 모습

조리 도구가 건강을 해칠 수 있다고?

신문 읽기 전, 지식 챙기기

중금속은 비중이 4.0 이상인 무거운 금속을 통틀어 이르는 말이에요. 중금속 가운데 아연, 철, 구리, 망간 등은 우리 몸에 꼭 필요한 성분이고 납, 알루미늄, 수은, 카드뮴 등은 우리 몸에 해로운 중금속이에요. 중금속을 많이 섭취하면 우리 몸에 독성을 일으켜요.

현대인의 건강을 해치는 원인 중 '중금속 중독'이 있어요. 중금속은 음식, 생활환경, 황사와 미세먼지 등 다양한 경로로 우리 몸속으로 들어와요. 우리 몸에 들어온 중금속은 소변이나 대변으로 배출되지만, 해로운 중금속  은 몸에 한 번 들어오면 분해되지 않고 쌓여 건강에 악영향을 미쳐요.

우리 생활 속에서 쉽게 만날 수 있는 중금속이 있어요. 바로 우리가 매일 음식을 만들 때 사용하는 냄비와 프라이팬 등의 조리 도구예요. 뜨거운 열로 조리 도구를 데울 때, 냄비나 프라이팬 속의 중금속이 나와 음식물과 섞여요. 음식을 먹은 우리 몸에 중금속이 쌓이면 건강을 해롭게 해요.

'양은 냄비'에 라면을 끓여 먹어본 경험이 있나요? 많은 이들이 라면을 먹을 때 '양은 냄비'에 끓이는 게 맛이 좋다고 많이 찾지만, 건강에는 좋지 않아요. 양은 냄비는 알루미늄에 산화알루미늄을 코팅해서 만들어요. 산도와 염분이 높은 음식은 양은 냄비의 코팅을 손상시켜요. 그래서 라면같이 염분이 높은 음식을 조리할 때 양은 냄비보다 일반 냄비를 사용하는 게 좋아요.

설거지할 때도 양은 냄비는 코팅이 벗겨지지 않게 주의해야 해요. 설거지할 때 거친 금속 수세미를 피하고, 조리할 땐 날카로운 금속 도구를 사용하지 말아야 해요. 양은 냄비뿐만 아니라 다른 냄비와 프라이팬의 재질을 살펴 그에 맞게 사용해야 하

고 코팅이 벗겨지거나 흠집이 난 조리 도구는 바로 버려야 해요. 우리의 건강을 위해 가정에서 사용하는 조리 도구의 상태를 살피고 손상 정도를 늘 관리해야 해요.

기사 더 알아보기

1. 기사의 내용을 확인해 보세요.
비중이 4.0 이상인 무거운 금속을 통틀어 ☐☐☐ 이라고 해요.

2. 맞으면 O, 틀리면 X 하세요.
- 중금속은 조리 도구 속에만 있어요. ☐
- 중금속은 우리 몸에 들어오면 소변이나 대변으로 모두 배출돼요. ☐
- 양은 냄비로 조리할 때, 신맛이나 짠맛이 강한 음식은 코팅에 영향을 미쳐요. ☐

3. 깊이 탐구해 보세요.
- 우리 가족이 쓰고 있는 조리 도구의 성분을 조사해 보고 조리 도구를 안전하게 사용하기 위해 어떻게 하면 좋을지 써 보세요. *예: 냄비와 프라이팬은 알루미늄이나 스테인리스, 주걱은 나무, 실리콘 등

_____

_____

어휘 알아보기

중독 : 음식이나 약물의 독성으로 인해 신체에 기능장애가 일어나는 것을 말해요.
분해 : 여러 부분이 합체된 것을 다시 나누는 일을 '분해'라고 해요.
조리 도구 : 음식을 만드는 데에 쓰는 여러 가지 물건을 말해요.
산도 : 용액이 가지고 있는 산의 세기를 말해요
염분 : 소금기를 말해요. 염분이 높을수록 소금이 많이 들어 있는 것을 뜻해요.
손상 : 물체가 깨지거나 상하거나 병이 들거나 다치는 경우를 말해요.

연계 교과 과정 | 6학년 2학기 2. 통일 한국의 미래와 지구촌의 평화

지구를 잡아먹는 대형 산불

신문 읽기 전, 지식 챙기기

헥타르(ha)는 넓이 단위로 땅이나 산의 넓이를 나타내는 데 사용해요. 1ha는 한 변의 길이가 100m인 정사각형의 넓이(10,000㎡)여서 땅이나 산처럼 큰 넓이를 나타내는 데 편리해요.
이상 기후는 기온이나 강수량이 정상적인 상태를 벗어난 기후를 말해요.

2023년은 대형 산불로 지구촌 많은 나라들이 고통받은 해였어요. 우리나라뿐만 아니라 캐나다, 하와이, 스페인 등의 나라도 지난해 역대급 산불로 피해를 보았어요.

캐나다에서는 4월부터 8월까지 일찍 찾아온 **폭염**으로 대형 산불이 발생하여 축구장 약 200개 규모인 160만 헥타르(ha)를 불태우고 **이재민**이 16만 명 이상 발생했어요. 8월 하와이 마우이섬의 산불로 사망자 181명과 피해자 7,695명이 발생해 미국 사람들에게 큰 슬픔을 주었어요. 같은 해 8월 스페인에서도 유명 **휴양지**인 테네리페섬에 대형 산불이 발생하여 숲 1만 1,600헥타르가 **소실**됐어요. 우리나라는 작년 4월 홍성·당진 등 서쪽 지역에서 발생한 산불로 총 3,013헥타르의 **임야**가 불탔어요. 그 당시 이 지역은 건조 경보를 내릴 정도로 건조한 날씨와 이상 기후 현상으로 기온이 올라 초여름만큼 더웠어요.

지구의 평균 기온이 계속 상승해 점점 더워지는 것을 **지구 온난화**라고 해요. 전문가들은 지구 온난화로 인해 기온이 상승하면 토양 속에 있는 수분이 사라져 산불이 발생하기 쉬운 환경이 됐다고 분석해요. 또, 앞으로 가뭄이 늘어나고 더위가 심해져 대형 산불이 더 자주 발생할 거라 예견했어요. 대형 산불은 사람과 동물, 숲에도 큰 피해를 일으켜요. 대형 산불로 인한 인명 피해와 재산 피해를 예방할 수 있는 대책을 마련해야겠어요.

기사 더 알아보기

1. 기사의 내용을 확인해 보세요.
기온이나 강수량이 정상적인 상태를 벗어난 기후를 ☐☐ ☐☐ 라고 해요.

2. 맞으면 O, 틀리면 X 하세요.
- 2023년에는 규모가 큰 산불로 지구촌의 피해가 컸어요. ☐
- 지구 온난화와 이상 기후는 관련이 적어요 ☐
- 전문가들은 앞으로 가뭄이 늘어나고 더위가 심해져 산불이 더 자주 발생할 것으로 예측해요. ☐

3. 깊이 탐구해 보세요.
- 이상 기후로 인해 더 많은 산불이 일어날 것으로 예측되고 있어요. 산불을 예방하게 위해 어떤 점을 지켜야 할지 3가지 써 봅시다.

  ① _____
  ② _____
  ③ _____

어휘 알아보기

폭염 : 매우 심한 더위를 말해요. 낮 최고 기온이 33도 이상이면서 이 더위가 2일 이상 지속될 것으로 예상될 때 기상청은 폭염 주의보를 내려요.
이재민 : 재해를 입은 사람을 뜻해요.
휴양지 : 편안히 쉬면서 몸과 마음을 회복하기에 알맞은 장소를 말해요.
소실 : 불에 타서 사라지거나 잃어버리는 것을 뜻해요.
임야 : 숲과 들판을 아울러 이르는 말이에요.
지구 온난화 : 지구 표면의 평균 온도가 높아지는 현상을 말해요.

연계 교과 과정 | 6학년 2학기   2. 통일 한국의 미래와 지구촌의 평화

인종 차별을 없애기 위한 FIFA의 노력

신문 읽기 전, 지식 챙기기

FIFA(피파)는 국제 축구 연맹으로, 국제 축구 대회를 주관하고 대륙별 축구 연맹의 원활한 국제 경기 운영을 지원 및 관리하는 기구예요. 국제 올림픽 위원회(IOC)·국제 육상 연맹(IAAF)과 함께 세계 3대 체육 기구로 불려요.

최근 유럽의 축구 경기장에서 인종 차별 사건이 여러 차례 일어나면서 인종 차별은 세계 축구계에서 가장 큰 문제점으로 떠올랐어요.

스페인의 유명한 축구팀, 레알 마드리드의 공격수 비니시우스 주니오르 선수는 지난해 경기 도중 자신에게 인종 차별적 노래를 부른 관중과 설전을 벌였지만, 계속된 인종 차별에 모욕감을 느끼고 눈물을 흘리기도 했어요. 이탈리아의 프로축구팀인 AC밀란의 마이크 메냥 선수와 잉글랜드 챔피언십 코벤트리 시티의 케이시 팔머 선수도 원정 경기 중 관중들의 인종 차별적 몸짓에 괴롭힘을 당했어요. 영국 토트넘에서 활약하고 있는 우리나라의 손흥민 선수에게도 일부 관중이 양손으로 눈을 찢는 몸짓으로 인종 차별 행위를 했어요. 스포츠를 사랑하고 즐기기 위해 경기를 지켜보면서도 선수들에게 인종 차별을 하는 것은 선수와 관객 모두에게 해를 끼치는 행위에요.

FIFA(국제 축구 연맹)는 유럽에서 활약하고 있는 선수들이 현재 겪고 있는 인종 차별에 대해 심각성을 느끼고 인종 차별 사태에 강경 대응하겠다고 발표했어요. FIFA 회장은 인종 차별은 절대로 용납할 수 없는 일이라며 인종 차별 행위 발생 시 3단계 절차(경기 중단, 경기 재중단, 경기 포기)를 행하고, 인종 차별을 저지른 팬이 있는 팀에게는 자동 몰수패 조치를 한다고 했어요. 또, 인종 차별주의자들에게 전 세계 축구 경기장 출입을 금지하고, 형사 고발 조치를 하겠다고도 했어요. FIFA의 강경한 대응으로 축구장에서 인종 차별이 사라지기를 바라요.

기사 더 알아보기

1. 기사의 내용을 확인해 보세요.

국제 축구 대회를 주관하고 대륙별 축구 연맹의 원활한 국제 경기 운영을 지원 및 관리하는 기구를 ☐☐☐☐(☐☐ ☐☐ ☐☐)이라고 해요.

2. 맞으면 O, 틀리면 X 하세요.

- 세계 축구계에 가장 큰 문제점으로 떠오른 것은 인종 차별이에요. ☐
- 일부 관중들이 축구 선수들에게 인종 차별적 제스처를 취하며 인종 차별을 했어요. ☐
- FIFA(국제 축구 연맹)는 잇따른 인종 차별 사태에 대응을 하지 않았어요. ☐

3. 깊이 탐구해 보세요.

- 인종 차별이 없는 세상을 만들기 위해, 우리는 어떤 노력을 해야 할까요?

_____

_____

어휘 알아보기

인종 차별 : 인종의 차이를 이유로 특정 인간 집단에게 사회적, 법적, 경제적으로 불평등한 걸 강요하는 것을 말해요.
설전 : 말로 옳고 그름을 가리는 다툼을 말해요.
원정 경기 : 어떤 팀이 자기 팀의 구장을 떠나 다른 팀의 구장에서 하는 경기를 말해요.
강경 : 굳세게 버티어 굽히지 않는 것을 뜻해요.
몰수패 : 축구나 야구 등의 스포츠에서, 규칙을 위반하여 경기를 계속할 수 없을 때 득점 상황과 관계없이 잘못을 저지른 쪽을 패배로 처리하는 것을 말해요.
형사 고발 : 범죄의 피해자나 대리인이 수사 기관에 범죄 사실을 신고하여 범인이 법적 처리를 받게 해 달라고 요구하는 일을 말해요.

연계 교과 과정 | 3학년 2학기   2. 시대마다 다른 삶의 모습

명절 문화가 달라지고 있어요!

신문 읽기 전, 지식 챙기기

오래전부터 설이나 추석과 같이 해마다 일정한 때에 가족들이 모여 세배를 하거나 차례를 지내며 즐기는 날이 있습니다. 이것을 명절이라고 하지요. 조선 시대에는 설날, 한식, 단오, 추석을 4대 명절로 여겼다고 해요.

우리나라 사람들은 예전부터 명절이면 친척들이 모여 차례를 지내고 함께 식사를 하는 풍습을 이어오고 있어요. 추석에는 송편을 함께 만들어 먹고, 보름달을 보며 소원을 빌기도 했고 설에는 떡국을 먹고 어른들께 세배를 드렸지요. 그런데 요즘 이런 명절 모습이 많이 변하고 있어요. 한 여론조사 기관에서 20~50대 소비자 4,000명을 대상으로 진행한 설문 조사에 따르면 이번 추석에 차례를 지내겠다는 사람들보다 차례를 지내지 않겠다고 대답한 사람들이 더 많았다고 해요. 심지어 명절에 고향을 방문할 계획이 없다고 한 사람들이 51.2%에 달하는 등 당연하게 고향으로 향하던 사람들이 해외여행을 간다거나 혼자 조용히 명절을 보내기도 한다고 해요.

이렇게 명절 문화가 바뀌는 이유는 무엇일까요? 가장 큰 원인으로 사회적 분위기의 변화를 꼽을 수 있어요. 전통과 관습, 가족 간의 유대보다 개인의 삶을 중시하는 쪽으로 우리 사회의 분위기가 변한 것이지요. 결혼이나 출산 대신 혼자 사는 삶을 택하는 젊은이들이 많아지는 것과도 일맥상통하는 분위기예요. 또 여성들의 경제활동이 갈수록 활발해짐에도 불구하고 차례 준비와 명절 음식 준비는 여전히 여성들이 많이 담당하다 보니 이에 대한 문제 제기도 많아졌지요.

변화하는 사회에 맞추기 위해 명절의 문화는 많이 바뀌고 있어요. 가족들이 음식을 함께 준비하거나 차례 절차를 간소화하기도 하고, 교통 체증의 어려움을 피하기 위해 지방에 사는 친척이 수도권에 사는 친척의 집으로 올라와 가족들의 부담을 덜어내는 등 다양한 변화가 이어지고 있다고 해요.

기사 더 알아보기

1. 기사의 내용을 확인해 보세요.
최근 명절 문화가 바뀌는 이유 중 하나로 전통과 관습, 가족 간의 유대보다 ☐☐의 삶을 중시하는 쪽으로 사회의 분위기가 변하고 있어서라고 볼 수 있어요

2. 맞으면 O, 틀리면 X 하세요.
- 설문 조사 결과, 올 추석에 차례를 지내겠다는 사람들보다 차례를 지내지 않겠다는 사람들이 더 많았어요. ☐
- 설문 조사에서 명절에 고향을 방문할 계획이 없다고 한 사람들이 절반을 넘겼어요. ☐
- 여성들의 경제활동이 갈수록 활발해지면서 차례 준비와 명절 음식 준비를 여성과 남성이 나누어서 하는 분위기가 만들어졌습니다. ☐

3. 깊이 탐구해 보세요.
- 우리 가족의 명절 모습을 떠올려 보고 다음에는 가족들과 함께 명절을 어떻게 보내고 싶은지 써 보세요.

_____

_____

어휘 알아보기

차례 : 명절이나 일정한 절기에 조상들에게 낮에 올리는 제사를 뜻해요.
관습 : 오래전부터 지켜 내려와 많은 이에게 인정받고 습관으로 굳어진 규범이나 생활 방식이에요.
유대 : 둘 이상을 연결하거나 결합하게 하는 것을 말해요.
일맥상통 : 생각의 방식이나 특징이 서로 통하거나 비슷할 때 사용하는 말이에요
문제 제기 : 문제를 내어놓는다는 뜻으로 어떤 현상에 대해 궁금한 점이 있거나 다른 의견이 있어 자신의 생각을 펼칠 때 '문제 제기를 한다'고 말해요.

나는야 초등 뉴스왕
ELEMENTARY NEWS KING

뉴스 읽기 기본

연계 교과 과정 | 3학년 1학기   3. 교통과 통신수단의 변화

말 없는 마차와 혼자서 달리는 자동차

 신문 읽기 전, 지식 챙기기
과거에는 다른 곳으로 이동하기 위해 말, 마차 등을 이용하거나 직접 걸어 다녀야 했어요. 수많은 발명을 통해 현재에는 자동차, 버스, 기차, 지하철, 비행기 등 다양한 교통수단이 발달하여 먼 곳까지 쉽게 이동할 수 있게 되었어요.

1770년 프랑스 나폴레옹 군대의 장교였던 니콜라 퀴뇨는 화포를 견인하기 위해 세계 최초의 증기 자동차를 개발해 냈어요. 증기 기관의 힘으로 달리는 이 자동차는 4톤짜리 포차를 끌기도 했지만, 증기를 만들어내는 보일러에 계속 물을 넣어줘야 한다는 단점이 있었지요. 1800년대에 들어서는 칼 벤츠라는 사람이 '말 없이 달리는 마차'를 꿈꾸며 가솔린(휘발유) 연료를 사용하는 자동차를 만들어냈고, 독일의 루돌프 디젤이라는 사람이 경유를 사용하는 디젤 엔진을 개발하며 디젤 자동차가 등장하는 등 우리가 아는 현대적인 모습의 자동차가 속속들이 등장했지요.

수레나 마차를 넘어 증기 자동차와 가솔린, 디젤 자동차가 발명되고 이제는 전기 자동차와 수소 자동차까지 등장하고 있어요. 전기 자동차의 등장은 전기 에너지로 달린다는 점 외에도 '자율주행'이 상용화되었다는 점에서 큰 변화를 만들었는데요. 운전자가 조작하지 않아도 각종 센서와 카메라 등 신기술을 활용하여 도로의 상황을 스스로 파악하여 달릴 수 있어 더 편리하고 안전한 운전이 가능해진 것이지요.

사실 자동차의 발전은 지구 환경에도 큰 영향을 끼치고 있어요. 휘발유나 경유를 사용하는 내연 기관 자동차는 매연으로 인한 심각한 대기 오염을 발생시켰어요. 하지만 전기 자동차는 내연 기관이 없어 대기 오염의 위험이 사라졌지요. 대신 전기 자동차의 수명이 다한 폐배터리가 토지나 지하수를 오염시킬 수 있다고 해요. 수소 자동차 또한 이산화탄소를 발생시키고 에너지 효율이 떨어진다는 단점이 있지요.

빠르고 편안한 이동 수단을 넘어 환경 오염을 줄일 수 있는 친환경 자동차를 개발

하기 위해 전기 자동차의 폐배터리를 재활용하는 방법을 모색하는 등 노력은 계속 이어지고 있어요.

기사 더 알아보기

1. 기사의 내용을 확인해 보세요.
운전자가 조작하지 않아도 도로의 상황을 스스로 파악하여 달릴 수 있는 자동차를 '☐☐ ☐☐' 자동차라고 해요.

2. 맞으면 O, 틀리면 X 하세요.
- 증기 자동차는 휘발유를 사용해 달리는 최초의 자동차예요. ☐
- 전기 자동차는 아무런 환경 오염도 일으키지 않아요. ☐
- 자율주행 자동차는 센서와 카메라를 이용해 도로의 상황을 파악하고 스스로 운전해요. ☐

3. 깊이 탐구해 보세요.
- 여러분이 자동차 기술 개발자라면 어떤 새로운 기능을 개발하고 싶나요?

_____

_____

어휘 알아보기

화포 : 대포처럼 화약의 힘으로 포탄을 쏘는 커다란 무기를 뜻해요.
개발 : 새로운 생각이나 물건을 연구해 만들어내는 걸 말해요.
상용화 : 일상적으로 쓰이게 되었다는 걸 말해요.
내연 기관 : 연료를 태워서 발생하는 에너지를 이용해 기계를 작동시키는 기관을 말해요.
에너지 효율 : 사용한 에너지에 비해 실제로 얼마만큼의 효과를 얻었는지를 나타내는 비율이에요.

연계 교과 과정 | 4학년 2학기   3. 사회 변화와 문화 다양성

전 세계를 누비는 K-푸드 열풍!

신문 읽기 전, 지식 챙기기

가공식품은 농산물, 축산물, 수산물 등을 가공하여 만든 먹을거리예요. 원래의 식품 재료를 보다 맛있고 먹기 편하게 만들어요. 또한 오래 저장할 수 있고 보관과 이동이 편리해요.

세계인이 K-푸드를 즐기는 모습이 상상되시나요? 지난 2023년 K-푸드 수출은 최고 기록을 세웠어요. 김, 라면, 김밥, 소주, 김치, 소스류 등 다양한 한국 식품이 전 세계로 팔려 나갔지요. 농수산식품 수출액은 자그마치 120억 2,000만 달러(약 16조 1,007억 원)나 돼요.

품목별로 살펴보면 가공식품에 속하는 라면, 과자류, 음료, 쌀 가공식품(냉동 김밥, 떡볶이 등)들이 높은 성장세를 보였고 우리나라 전통 식품인 김치, 장류도 많이 팔렸어요. 라면과 김은 최초로 수출 1조 원을 돌파하기도 했지요.

이런 K-푸드의 높은 인기에 미국 하버드대학교 경영대학원에서는 우리나라 식품 기업의 'K-푸드 세계화' 성공 사례를 강의 교재로 채택하기도 했어요. 하버드대학교 경영대학원에서는 K-팝, 드라마, 영화 같은 한국 대중문화의 인기가 높아졌고 그게 한국 음식에 관한 관심으로까지 이어져 K-푸드가 세계로 확대됐다고 분석했어요. 식품 회사들은 높아진 K-푸드의 인기에 발맞춰 세계인의 입맛에 맞는 상품 개발을 하고 판매 전략을 짜고 있어요.

K-푸드의 세계 진출 첫 시작은 주로 아시아 지역이었지만 지금은 미주, 중동, 유럽 등 전 세계 여러 지역으로 확대되고 있어요. 앞으로도 K-푸드의 해외 시장 공략은 계속될 것으로 예상돼요. 우리나라 문화의 인기가 K-푸드의 인기로 이어지다니 놀랍지 않나요? 더 많은 세계인이 K-푸드를 즐기게 될 날이 기대되네요.

기사 더 알아보기

1. 기사의 내용을 확인해 보세요.

농산물, 축산물, 수산물 등을 가공하여 만든 먹을거리를 ☐☐☐☐ 이라고 해요.

2. 맞으면 O, 틀리면 X 하세요.

- 2023년은 K-푸드 수출이 최고 기록을 세운 해예요. ☐
- 라면과 김은 수출액이 1조 원을 돌파했어요. ☐
- K-푸드의 인기가 많아져 K-팝의 인기도 높아졌어요. ☐

3. 깊이 탐구해 보세요.

- 외국에 사는 친구들에게 소개하고 싶은 우리나라 음식이 있나요? 소개하고 싶은 음식을 골라 음식에 대한 설명과 만드는 방법 등을 알리는 글을 써 보세요.

_____

_____

어휘 알아보기

수출 : 우리나라에서 만든 상품이나 기술을 다른 나라에 파는 것을 말해요.
돌파 : 일정한 기준이나 기록 등을 넘어서는 것을 말해요.
대중문화 : 많은 사람들이 공통으로 쉽게 접하고 누리는 문화를 말해요.
확대 : 모양이나 규모 따위를 더 크게 하는 것을 말해요.
공략 : 적극적인 자세로 나서 어떤 영역을 차지하거나 어떤 사람 등을 자기 편으로 만드는 것을 이르는 말이에요.

연계 교과 과정 | 3학년 2학기 1. 환경에 따라 다른 삶의 모습

친환경 건축의 대명사, 한옥

신문 읽기 전, 지식 챙기기

어느 고장 사람이든 안전하고 편안하게 지낼 수 있는 집을 짓고 살아요. 각 고장에서 구하기 쉬운 재료를 사용하고 고장의 기후 환경을 고려해 형태를 다르게 하는 등 고장마다 집 짓는 방법이 달라요.

지구는 기후 변화로 몸살을 앓고 있어요. 이는 온실가스 증가와 산업화로 인한 숲의 파괴가 주요 원인이에요. 오늘날 짓고 부수기를 반복하는 건축도 기후 변화에 영향을 미쳐요. 다시 재활용할 수 없는 건축 폐기물이 발생하기 때문이에요.

이에 대한 대안으로 한옥에 주목해야 한다는 목소리가 나오고 있어요. 기와집은 나무, 돌, 기와, 흙 등을 재료로 만들었어요. 초가집은 짚을 활용했고요. 이것은 우리 자연환경에서 쉽게 구할 수 있는 재료들이었어요. 자연에서 온 재료이기 때문에 모두 재활용할 수 있고, 한옥이 오래되어 낡으면 다시 자연으로 돌아갈 수 있어요. 집을 짓는 데 사용한 나무는 기후 변화의 원인이 되는 탄소를 붙잡아두는 효과도 있답니다.

또한 한옥은 그 지역 기후의 특징을 잘 반영하여 지역별로 다른 형태를 띠고 있기 때문에 에너지를 절약할 수 있어요. 예를 들어 남부 지방의 한옥은 부엌, 방, 대청이 일자형으로 구성되어 지붕의 모습이 'ㅡ' 자 모양이에요. 남부 지역의 무더운 여름에 바람이 잘 통할 수 있도록 만든 것이지요. 북쪽 지방의 한옥은 'ㅁ' 자 모양으로 만들어졌어요. 추운 겨울바람을 잘 막아 주어야 겨울을 따뜻하게 날 수 있기 때문이에요. 또한 방과 방이 연결되어 있어 마루나 복도가 없어요. 겨울철 추위를 막기에 효과적인 구조예요.

한옥은 이런 우수성을 인정받아 베트남, 알제리, 미국 등에 수출되었으며 현재 호주와 미국 시드니, 뉴질랜드, 인도네시아 등 10여 개 국가에 한옥 수출 프로젝트를 진행하고 있어요. 최근에는 러시아에도 한옥을 수출하게 되었고 러시아 학생들의 한옥 건축 유학도 추진하고 있다고 해요.

기사 더 알아보기

1. 기사의 내용을 확인해 보세요.

나무, 돌, 기와, 흙, 짚 등 자연에서 온 재료들을 이용해 만든 우리나라 전통 집을 ☐☐ 이라고 해요.

2. 맞으면 O, 틀리면 X 하세요.

- 한옥은 나무, 돌, 기와, 흙, 짚 등을 재료로 만들었어요. ☐
- 한옥은 지역의 기후를 잘 반영하여 지역별로 다른 형태를 띠고 있어요. ☐
- 북쪽 지방의 한옥은 추위를 피하기 위해 'ㅡ' 자 모양으로 만들었어요. ☐

3. 깊이 탐구해 보세요.

- 아파트, 빌라, 단독주택 등 우리가 지금 살고 있는 집과 한옥을 비교하여 공통점과 차이점을 써 보세요.

공통점	차이점

어휘 알아보기

온실가스 : 지구 대기를 오염시켜 지구 표면의 평균 온도가 높게 유지되는 현상(온실효과)을 일으키는 가스예요.
건축 폐기물 : 건물을 부수거나 짓는 과정에서 발생하는 쓰레기를 말해요.
대안 : 어떤 일에 대처할 방안이에요.
탄소 : 기체의 한 종류예요. 온실 효과를 일으키는 기체예요.
반영 : 다른 것에 영향을 받아 어떤 현상이 나타나는 것을 말해요.

연계 교과 과정 | 6학년 1학기   1. 우리나라의 정치 발전

손상된 화폐를 쌓으면 에베레스트산 높이의 16배가 된다?

신문 읽기 전, 지식 챙기기

한국은행은 우리나라의 돈을 관리하는 중앙은행이에요. 그래서 다른 은행과는 다르게 특별한 일을 한답니다. 우리나라 화폐를 발행하고, 물가가 안정될 수 있도록 돈의 양과 흐름을 조절하지요. 또 일반 은행을 상대로 돈을 빌려주거나 맡아 주는 일을 하는 '은행들의 은행' 역할을 합니다.

지난 2023년 한 해 동안 대략 4억 8,385만 장의 손상된 화폐가 버려졌다고 해요. 이를 금액으로 환산하면 3조 8,000억 원어치인데요. 이 화폐를 쌓으면 에베레스트산 높이의 16배, 롯데월드타워의 253배 정도라고 해요. 이는 2022년보다 11.7%나 증가한 수치예요.

손상된 화폐가 늘어난 이유로는 코로나 19의 위세가 잠잠해지면서 사람들이 다시 대면하여 상거래를 하는 경우가 늘어났다는 점을 꼽았어요. 그만큼 사람들이 현금으로 돈거래를 많이 하게 되고 손상되는 돈도 더 많아졌다는 뜻이죠. 그 외에 5만 원권 지폐의 유통 수명 또한 영향을 미쳤는데요. 5만 원권은 2009년 처음 도입되었는데 현재 유통 수명이 15년이 지나 처음 풀린 물량이 수명을 다할 시기가 돌아왔기 때문이지요. 화폐가 손상되는 또 다른 이유로는 습기가 많은 곳에 보관하였거나 화재로 불에 탄 경우가 많았다고 해요.

화폐가 손상됐다고 모두 폐기되는 것은 아니에요. 한국은행은 손상된 지폐의 남아있는 면적에 따라 지폐를 교환해주고 있는데요. 남은 면적이 4분의 3 이상이면 전액을, 5분의 2 이상에서 4분의 3 미만이면 금액의 절반을 새 화폐로 바꿀 수 있어요. 그런데 남은 면적이 5분의 2 미만이면 돌려받을 수 없어요. 그리고 동전은 모양을 알아보기 어렵거나 진위 확인이 어렵다면 교환할 수 없다고 해요.

손상되어 폐기되는 화폐는 잘게 조각내는 작업 등을 거쳐 대부분 난방용으로 보

내져 태워진다고 하는데요. 헌 돈을 버리고 새 돈을 발행하는 데 드는 비용만 매년 1,200억 원 정도라고 해요. 자원 절약을 위해서도 돈을 소중히 다뤄야겠어요.

기사 더 알아보기

1. 기사의 내용을 확인해 보세요.

우리나라의 돈을 관리하는 ☐☐☐☐ 에서는 화폐를 발행하고 물가가 안정될 수 있도록 돈의 양과 흐름을 조절하는 역할을 합니다. 또한 일반 은행들의 은행, 정부의 은행 역할을 한답니다.

2. 맞으면 O, 틀리면 X 하세요.

- 코로나 19가 잠잠해지며 대면 거래가 늘어났으며 5만원권 지폐의 유통 수명으로 인해 2023년 손상된 화폐가 늘어났어요. ☐
- 화폐가 손상되어 사용이 힘들면 땅에 묻어 처리해요. ☐
- 손상된 화폐의 남은 면적이 절반 이상이면 전액을 교환해 줘요. ☐

3. 깊이 탐구해 보세요.

- 화폐를 소중히 다루는 습관을 키우기 위한 방법을 한 가지 이상 써 보세요.

_____

_____

어휘 알아보기

화폐 : 물건과 바꿀 수 있는 돈을 뜻해요.
상거래 : 물품이나 서비스를 사고 파는 것을 말합니다.
진위 확인 : 진짜인지 가짜인지 확인하는 것을 뜻합니다.

연계 교과 과정 | 4학년 1학기 3. 지역의 공공 기관과 주민 참여

내 손으로 우리 마을을 지켜요!

신문 읽기 전, 지식 챙기기

주민 자치란 지역 주민들이 지역의 주인으로서 지역 문제에 관심을 가지고 적극적으로 함께 해결해 가는 것을 말해요. 주민 자치로 지역을 더욱 발전시키고 살기 좋은 곳으로 만들기 위해 노력하는 것이지요.

흡연자들의 상습 흡연 구역으로 자칫 **우범** 지역으로 전락할 수 있었던 공간. 이곳을 주민들의 지역 **자치**를 통해 새로운 공간으로 재탄생시킨 사례가 있어 화제가 되고 있어요.

부산시 구남역 근처의 한 주차장은 흡연 문제로 마을의 골칫거리였어요. 주변에 식당과 PC방, 노래방 등이 몰려 있고 사람들의 눈을 피하기 좋은 구석진 곳에 자리 잡고 있다 보니 흡연자들이 몰려들게 되었지요. 문제는 성인뿐 아니라 학생들조차 이곳에서 흡연을 하는 등 범죄의 **온상지**로 노출될 위험성이 컸어요.

이 문제를 해결하기 위해 마을 지역 주민이 두 팔 걷어붙이고 나섰어요. 지역 주민과 부산시 자치경찰청, 그리고 전문 공공 디자이너가 머리를 맞대었고, 귀여운 캐릭터가 그려진 패널을 제작하여 주차장 곳곳에 설치한 것이지요. 또한 고리타분하고 딱딱한 금연 문구 대신 사람들에게 친근하게 다가갈 수 있도록 금연을 권하는 문구와 함께 금연 구역 표시를 했는데요. 덕분에 골목의 분위기는 밝아졌고 흡연을 하는 사람들도 차츰 사라졌다고 해요.

마을의 문제를 해결할 수 있었던 힘은 지역 주민들과 함께 해결 방안을 **모색**했기 때문이에요. 덕분에 상황에 맞는 해법을 찾을 수 있었지요. 부산시 지역 주민들이 지역 자치에 직접 참여하여 주민 맞춤형 방식을 추진한 것처럼, 다른 지역에서도 각 지역에 알맞은 방법을 고민하고 실행하여 시민의 안전을 보장하는 데 도움이 되길 바라요.

기사 더 알아보기

1. 기사의 내용을 확인해 보세요.
지역 주민들이 이 지역의 주인으로서 지역 문제에 관심을 가지고 적극적으로 함께 해결해 가는 것을 주민 ☐☐ 라고 해요.

2. 맞으면 O, 틀리면 X 하세요.
- 주민들의 지역 자치를 통해 지역의 문제를 성공적으로 해결한 사례는 없어요. ☐
- 흡연 문제를 해결하기 위해 문제의 주차장에 딱딱한 금연 문구를 설치했어요. ☐
- 주차장 흡연 구역의 문제를 해결할 수 있었던 요인은 지역 주민들과 함께 해결 방안을 생각하고 실천했기 때문이에요. ☐

3. 깊이 탐구해 보세요.
- 현재 우리 지역이 해결해야 할 문제점이 무엇인지 생각해 보고, 이를 해결하기 위한 방법을 한 가지 이상 써 보세요.

_____

_____

어휘 알아보기

우범 : 범죄를 저지를 우려가 있다는 뜻이에요.
자치 : 자기 일을 스스로 다스린다는 뜻이에요.
온상지 : 어떤 현상 등이 자라나는 바탕이 되는 곳을 말해요.
모색 : 일이나 사건 등을 해결할 수 있는 방법을 찾는 걸 뜻해요.

연계 교과 과정 | 4학년 2학기　2. 필요한 것의 생산과 교환

서로 주고받으며 상생해요

신문 읽기 전, 지식 챙기기

지역 간의 경제 교류 사례는 주변에서 쉽게 찾아볼 수 있어요. 경제 교류란 경제적 이익을 위해 상품, 기술, 정보 등을 서로 주고받는 것을 말해요. 경제 교류를 통해 각 지역은 여러 기술을 발전시킬 수 있고 다른 지역의 특산물을 저렴하게 구입할 수도 있어요.

경상북도 김천시는 최근 자매결연 협약을 맺은 도시인 전북특별자치도 군산시를 초청해 군산의 우수한 특산물을 맛볼 수 있는 교류 행사를 가졌어요. 이 행사를 위해 군산시에서 준비한 특산물은 흰찰쌀보리, 한과, 젓갈, 박대 등 49품목인데요. 사전에 주문한 금액이 4,200만 원이었고 행사 당일 현장에서 판매하기 위해 준비한 26가지 특산물도 조기에 매진되어 총 6,200만 원의 판매액을 올렸어요. 이날 군산시는 군산의 특산물을 구매하는 김천시 구매자들에게 홍보용 군산 신동진 쌀과 흰찰쌀보리를 증정해 군산의 농특산물의 우수성을 알리고, 행사에 적극적으로 참여한 김천 시민에게 감사의 마음을 전했어요. 김천시와 군산시는 1998년 자매결연 후 2009년부터 해마다 양 도시를 오가며 특산물 교류 행사를 진행하고 있다고 해요.

한편 전북특별자치도 김제시에서는 1999년 자매결연을 맺은 강원특별자치도 동해시와 매년 설과 추석 명절에 양 도시 간 지역 특산품 팔아주기 운동을 추진했어요. 이번 지역 특산품 팔아주기 운동을 통해 김제시는 쌀 등 11개 품목, 동해시는 오징어 등 14개 품목을 선정해 판매했는데요. 그 결과 총 690건(판매금액 2,161만 5,000원)의 판매 실적을 거뒀어요. 이러한 지역 특산품 팔아주기 운동은 두 지역의 지역 경제를 살리는 데 큰 도움이 됐어요. 두 도시는 앞으로 특산품 판매 외에도 축제, 공연 등의 문화 교류 등 다양한 분야에서 꾸준히 교류하며 서로 발전할 수 있도록 노력할 예정이라고 해요. 이처럼 많은 도시들이 앞으로도 서로 교류하고 상생하며 발전하길 기대해요.

기사 더 알아보기

1. 기사의 내용을 확인해 보세요.
김천시와 군산시, 김제시와 동해시의 사례와 같이 여러 도시들은 특산품을 서로 직접 판매하고 서로 유용한 정보를 주고받는 등 지역 간의 ☐☐ ☐☐ 를 통해 협력하고 상생해요.

2. 맞으면 O, 틀리면 X 하세요.
- 지역 간 경제 교류는 우리 지역만이 가지는 기술을 다른 지역에 전달하는 것이므로 우리 지역에 손해가 돼요. ☐
- 지역 간 특산물 교류 행사를 통해 다른 지역의 질 좋은 특산물을 좋은 가격에 구입할 수 있어요. ☐
- 여러 도시들이 경제 교류를 통해 서로 협력하고 상생하고 있어요. ☐

3. 깊이 탐구해 보세요.
- 우리 지역의 경제 교류 사례를 조사하여 써 보세요.

_____

_____

어휘 알아보기

자매결연 : 한 지역이나 단체가 다른 지역이나 단체와 서로 돕거나 교류하기 위하여 친밀한 관계를 맺는 일이랍니다.
협약 : 서로 의논하여 약속하는 것이에요.
특산물 : 어떤 지역에서만 특별히 나는 물품이에요.
상생 : 둘 이상이 서로 도우며 다 같이 잘 살아가는 것을 말합니다.

연계 교과 과정 | 3학년 2학기 2. 시대마다 다른 삶의 모습

결혼에 대한 가치관이 변하고 있어요!

신문 읽기 전, 지식 챙기기

저출산 현상으로 우리나라의 출산율이 낮아지고 있어요. 그런데 전체 인구 중 결혼을 한 사람의 비율을 나타내는 '혼인율'도 급격히 떨어지고 있어요. 결혼은 필수라고 생각했던 예전과 달리 요즘의 사람들에게 결혼은 선택사항이 된 것이지요. 스스로를 '비혼주의자'라고 말하며 아예 결혼을 하지 않겠다고 선언하는 사람도 많아지고 있다고 해요.

여러분은 결혼을 꼭 해야 한다고 생각하나요? 한국청소년정책연구원의 '청소년 가치관 조사 연구 보고서'에 따르면 지난해 5~7월 전국 초·중·고교생 7,000여 명을 대상으로 설문한 결과, '결혼은 반드시 해야 한다'고 답한 청소년들은 29%밖에 없었다고 해요. 2012년도에 진행한 조사와 비교해 보면, 11년 만에 73.2%에서 절반 이하로 뚝 떨어진 결과이지요. 특히나 남학생보다 여학생들의 감소 폭이 더 컸는데요. 이 결과에 해당 연구진은 '여학생을 중심으로 결혼은 필수가 아닌, 개인의 선택이라는 가치관이 널리 퍼진 것'이라고 해석했어요.

또한 결혼에 대한 가치관도 다양한 방식으로 변화하고 있어요. 설문에 참여한 학생들 중 '남녀가 결혼하지 않아도 함께 살 수 있다'고 답한 학생은 83.1%, '외국인과 결혼할 수 있다'고 답한 사람은 91.4%나 되었다고 해요. 또한 '동성 결혼을 허용해야 한다'는 데 동의한 청소년은 52.0%라고 해요. 이제 전통 사회에서처럼 '남녀가 결혼해 가정을 구성해야 한다'라는 생각은 더 이상 설득력이 떨어지는 이야기가 된 것이지요.

전문가들은 이러한 가치관의 변화에 대비하여 우리나라의 가족, 출산 정책이 많이 바뀌어야 한다고 주장하고 있어요. 새로운 가치관을 가진 오늘날의 사람들을 위해 정부에서도 다양한 형태의 가족이 가능하다는 사실을 받아들이고 편견 없이 지원해 줄 수 있어야 해요.

기사 더 알아보기

1. 기사의 내용을 확인해 보세요.

결혼이 필수가 아닌 개인의 선택이라는 ☐☐☐ 이 확산되어 결혼을 반드시 해야 한다는 생각을 가진 청소년이 줄어들게 되었습니다.

2. 맞으면 O, 틀리면 X 하세요.

- 결혼에 대한 입장의 변화는 여학생보다 남학생에게서 크게 나타났어요. ☐
- 청소년의 81.3%가 외국인과 결혼할 수 있다고 답했어요. ☐
- 절반 이상의 청소년이 동성결혼을 허용해야 한다고 답했어요. ☐

3. 깊이 탐구해 보세요.

- 결혼에 대한 여러분의 생각을 나눠 봅시다.

결혼을 할 것이다		결혼을 하지 않을 것이다	
이유		이유	

어휘 알아보기

가치관 : 사람들이 삶이나 세상의 일에 대하여 옳고 그름, 좋고 나쁨 등의 가치를 매기는 기준이 되는 관점이라는 뜻이에요.

설득력 : 상대편이 내 이야기를 따르도록 깨우쳐 주는 힘을 말해요.

편견 : 한쪽으로 치우쳐 공정하지 못한 생각을 말해요.

연계 교과 과정 | 4학년 2학기   3. 사회 변화와 문화 다양성

인구 소멸의 시대

신문 읽기 전, 지식 챙기기

인구 소멸 위험 지수는 20~30대 여성의 인구수를 65세 이상 고령 인구수로 나눈 값이에요. 이 값이 0.5 미만이면 '소멸 위험 진입 지역', 0.2 미만이면 '소멸 고위험 지역'이 돼요. 인구 소멸 위험 지역은 출산율이 낮고 사망률이 높다는 공통점이 있는데, 새롭게 태어나는 인구가 적은 상황에서 고령 인구의 사망이 빠르게 진행되어 인구가 줄어들기 때문이에요.

  2023년에는 정부가 인구 통계를 집계한 이래 처음으로 노년층이 청년층의 인구를 넘어섰어요. 고령화 저출산 현상으로 우리나라의 총인구수는 몇 년째 계속 감소하고 있어요. 지금같이 저출산이 계속되면 우리나라 인구수는 더 줄어들 거예요.

  이렇게 인구가 계속 감소하면 여러 문제가 나타날 수 있어요. 특히 고령인구가 많이 거주하는 지역의 인구 감소는 지역 소멸까지 될 수 있어요.

  정부는 어느 지역에 사는 사람들이 점점 줄어들다가 급기야 아무도 살지 않는 곳이 될 수 있을 정도로 인구가 줄어드는 지역을 인구 소멸 위험 지역으로 지정해요. 인구 소멸 위험 지수에 따라 '소멸 위험 진입 지역', '소멸 위험 지역'으로 정하는데, 올해 소멸 위험 지역은 전국 시군구의 50%가 넘어요.

  인구 소멸 위험 지역으로 정해진 곳은 지방의 농어촌 지역이 많지만, 대도시의 일부 지역도 해당돼요. 인구 소멸 위험 지역의 청년들은 일자리를 찾아서, 학교를 진학하기 위해, 의료 시설과 문화 시설의 부재 등을 이유로 대도시로 이동할 수밖에 없어요. 이 때문에 위험지역의 인구가 늘어날 가능성은 더 적어지지요.

  지방 자치 단체와 정부는 지역의 인구가 유출되는 것을 막고, 인구 유입이 될 수 있게 여러 정책을 만들고 있어요. 아동 수당, 일자리 마련, 교육비 지원 등 사람들이 계속 살고 싶게 만드는 정책들을 만들어서 위험 지역의 인구 증가에 성공한 곳도 있어요. 앞으로도 사람들이 해당 지역에 살고 싶게 하는 정책을 지속적으로 연구해

지역의 인구가 소멸되지 않도록 노력해야 해요.

기사 더 알아보기

1. 기사의 내용을 확인해 보세요.
태어나는 아이의 수는 줄고, 노인 인구가 늘어나는 현상을 ☐☐☐ ☐☐☐ 고 해요.

2. 맞으면 O, 틀리면 X 하세요.
- 우리나라는 2023년 처음으로 노년층이 청년층의 인구를 넘어섰어요. ☐
- 정부는 어느 지역에 사는 사람들이 줄어 아무도 살지 않는 곳이 될 수 있는 곳을 인구 소멸 위험 지역으로 정했어요. ☐
- 정부 정책으로 인해 인구 소멸 위험 지역의 인구 증가에 성공한 사례는 없어요. ☐

3. 깊이 탐구해 보세요.
- 우리나라의 저출산 고령화 문제는 심각한 상황이에요. 저출산 고령화 문제가 지속되면 사회는 어떻게 변할까요?

_____

_____

어휘 알아보기

집계 : 이미 된 계산들을 다시 하나로 모아 계산하는 것을 뜻해요.
감소 : 양이나 수치가 줄어든 것을 뜻해요.
소멸 : 사라져 없어진다는 뜻이에요.
유입 : 사람들이 어떤 곳으로 모여드는 것을 말해요.

연계 교과 과정 | 3학년 2학기   3. 가족의 모습과 역할 변화

아빠도 출산 휴가가 필요해요

신문 읽기 전, 지식 챙기기

남녀고용평등법은 모성 보호와 여성 고용을 촉진하여 남녀의 고용 평등을 실현하는 것을 목적으로 하는 법안이에요. 이 법은 근로자들이 일과 가정을 모두 지킬 수 있도록 지원하여 국민들의 삶의 질이 향상될 수 있도록 함을 목적으로 해요.

우리나라의 저출산 문제는 해가 갈수록 심각해지고 있어요. 일정 기간에 태어난 아이가 전체 인구에서 차지하는 비율을 말하는 '출산율'이 매번 최저 기록을 갱신했다는 소식이 이어지고 있어요. 저출산 문제가 심각해짐에 따라 정부는 다양한 대책을 내놓기 위해 노력하고 있어요.

우리나라 남녀고용평등법에는 배우자가 출산할 경우 급여를 받으며 휴가를 보낼 수 있는 10일의 유급 휴가를 줘야 한다고 정해져 있어요. 임신과 출산을 하는 엄마뿐만 아니라 함께 육아를 하는 아빠에게도 휴가를 주는 것이지요.

출산율을 높이기 위해 노력하는 것은 정부뿐만이 아니에요. 국내의 한 은행은 배우자 출산 휴가 및 입양 휴가를 최대 100일로 확대했다고 발표했어요. 국내 대기업과 은행 가운데 배우자 출산 휴가를 100일까지 부여한 것은 이번이 처음이에요. 이 밖에도 많은 기업이 남자 직원들의 배우자 출산 휴가나 육아 휴직 제도를 재정비하고 있어요.

이런 변화가 생긴 것은 가족 친화 제도가 잘 갖춰져 있을수록 일과 가정의 양립에 대한 부담감이 줄어 출산을 결정할 수 있고 유능한 인력을 확보할 수 있기 때문이에요. 정부와 기업 등 사회의 많은 이들이 우리나라의 미래를 위해 다양한 가족 친화 제도를 내놓을 수 있도록 노력이 필요한 시점이에요.

기사 더 알아보기

1. 기사의 내용을 확인해 보세요.

모성 보호와 여성 고용을 촉진하여 남녀의 고용 평등을 실현하는 것을 목적으로 하는 법안을 ☐☐☐☐☐☐☐ 이라고 해요.

2. 맞으면 O, 틀리면 X 하세요.

- 우리나라 남녀고용평등법이 보장한 배우자의 출산 휴가는 10일이에요. ☐
- 많은 기업이 남자 직원들의 배우자 출산 휴가나 육아 휴직 제도를 재정비하고 있어요. ☐
- 가족 친화 제도가 잘 갖춰져 있을수록 일과 가정의 양립에 대한 부담감이 줄어들어요. ☐

3. 깊이 탐구해 보세요.

- 아빠의 출산 휴가가 늘어나면 가정에 어떤 좋은 점이 있을지 생각해 보세요.

___

어휘 알아보기

갱신 : 기존에 있던 내용이 변동되어 새롭게 고치는 걸 말해요.
급여 : 일을 한 사람에게 일의 대가로 주는 급료나 수당을 말해요.
유급 휴가 : 휴가 기간에도 급료가 지급되는 휴가예요.
부여 : 사람에게 권리·명예·임무 따위를 주거나, 사물이나 일에 가치·의의 등을 붙여 주는 것을 뜻해요.
출산 휴가 : 일하는 여성이 아이를 낳기 위하여 얻는 휴가예요.
가족 친화 제도 : 가정생활과 일을 조화롭게 수행할 수 있도록 정부나 기업이 지원하는 제도를 말해요.
양립 : 두 가지가 따로, 동시에 성립하는 것을 말해요.

연계 교과 과정 | 4학년 2학기   1. 촌락과 도시의 생활 모습

농촌에 일손이 없으면
우리가 먹을 쌀은 누가 기를까?

신문 읽기 전, 지식 챙기기

촌락은 일손 부족, 값싼 외국산 농수산물로 인한 소득 감소, 시설 부족 등으로 어려움을 겪고 있어요. 이를 위해 농기계를 이용해 일손 부족 문제를 해결하고, 외국 농수산물보다 품질을 높여 소득을 높여야 해요. 정부도 문화 시설, 편의 시설, 교통수단을 늘리고 귀촌하는 사람들을 지원해야 해요.

　농촌에 일손이 부족한 건 하루 이틀 일이 아니에요. 도시에 일자리뿐만 아니라 교육·문화 시설 같은 편의 시설이 몰리면서 대부분의 인구가 도시에 살기 때문이에요. 2022년 통계 기준, 총인구 약 5,444만 명 중 도시 지역에 4,729만 명, 농촌 지역에 440만 명이 산다고 해요. 우리나라 총인구의 약 92%가 도시 지역에 사는 셈이에요.

　이런 현실에서 농촌에는 일손이 부족할 수밖에 없어요. 코로나 이전에는 외국인 노동자들이 부족한 농촌 일손을 채워주었지만, 코로나 이후 이마저도 힘들어졌어요. 이런 문제점을 해결하기 위해서 일손이 필요 없는 농기계를 개발하고 있어요.

　그래서 운전자가 필요 없는 자율주행 자동차처럼 농기계 분야에는 자율 **트랙터**가 개발되었어요. 운전석이 텅 비어 있지만 트랙터는 스스로 앞뒤로 움직이면서 쟁기질을 해서 단단한 땅을 씨뿌리기에 적당한 땅으로 일궈줘요. **밭고랑** 만들기, 씨뿌리기, 잡초 뽑기, 수확까지 하며 사람 없이도 밭농사를 지을 수 있어요. 사람이 직접 운전해야 하는 일반 트랙터보다 작업 시간은 줄어들고 수확량은 늘어나는 효과도 있어요.

　최근에는 혼자서 모종을 옮겨 심는 국산 로봇이 개발됐어요. 이 작업은 섬세함이 필요해서 기계가 사람을 대체하기 어려웠는데 자율주행과 AI 기술로 문제를 해결했다고 해요. 아직은 사람이 직접 모종을 심을 때의 절반 정도의 속도지만 4~5개월에 한 번씩 2~3일만 작업하는 모종 심기의 특성상 짧은 기간 동안만 일해 줄 사람을 구하기 어려웠던 문제를 해결하는 데 도움을 줄 것으로 보여요. 그 외에도 청소 로봇,

적엽 로봇, 방제 로봇, 인식 로봇 등 다양한 로봇이 개발되어 스마트팜에 적용할 수 있게 된다고 하니 일손 부족으로 우리의 먹거리가 위협받는 일을 막을 수 있을 거예요.

기사 더 알아보기

1. 기사의 내용을 확인해 보세요.
농촌 일손 부족 문제를 해결하기 위해 운전하는 사람이 필요 없는 농기계인 ☐☐ ☐☐☐ 가 개발되었어요.

2. 맞으면 O, 틀리면 X 하세요.
- 농촌의 일손 부족 문제는 최근에 시작되었어요. ☐
- 자율 트랙터는 사람이 직접 운전하지 않아도 혼자 밭농사를 지을 수 있어요. ☐
- 모종을 옮겨 심는 국산 로봇은 사람이 직접 모종을 심을 때의 절반 속도로 모종을 심어요. ☐

3. 깊이 탐구해 보세요.
- 자율주행, AI가 농촌에 도입될 경우의 장점과 단점을 생각해보세요.

장점	단점

어휘 알아보기

트랙터 : 무거운 짐이나 농기계를 끄는 특수한 자동차를 말해요.
밭고랑 : 밭에 작물을 심는 줄과 줄 사이의 움푹 파인 부분(고랑)이에요.
적엽 : 식물의 성장을 위해 필요한 햇빛, 공기, 양분 등을 위해 적절하게 잎을 제거하는 것을 말해요.
방제 : 농작물의 병충해를 예방하거나 막는 것을 말해요.
인식 : 사물을 구별하고 판단하여 아는 것을 말해요.

연계 교과 과정 | 3학년 1학기   3. 교통과 통신수단의 변화

세계 최초!
심야 자율주행 버스가 운행해요

신문 읽기 전, 지식 챙기기

사람들의 이동을 편리하게 해 주는 서비스나 이동 수단을 말하는 '모빌리티' 기술은 하루가 다르게 발전하고 있어요. 우리가 이미 잘 알고 있는 자율주행 기술 외에도, 도로 같은 활주로 없이 수직으로 이륙과 착륙을 하는 '하늘을 나는 자동차'의 등장 또한 머지않았다고 해요.

  2023년 12월부터 운행을 시작한 심야A21번 버스는 도로를 한참 달리는 와중에도 버스 운전기사가 운전대를 잡고 있지 않다고 해요. 이 버스가 바로, 운전자 없이 스스로 운전을 하는 심야 자율주행 버스이기 때문이에요.

  돌발 상황에 대처하기 위해 운전기사가 탑승하고 있기는 하지만, 돌발 상황이 생기지 않는다면 운전에는 개입하지 않고 자율주행 시스템이 운전 기능을 제어해요. 심야에만 운행을 하는 이 버스는 밤늦은 시간에 버스를 타야 하는 사람은 많은데 버스를 운전할 운전기사가 없는 어려움을 해결하기 위한 것이라고 해요.

  서울시가 선보인 심야 자율주행 버스 운행은 우리나라가 세계 최초예요. 미국 등 해외에서도 야간에 자율주행 택시가 운행된 사례는 있지만, 대중교통 기능을 수행하는 심야 전용 자율주행 버스의 정기 운행은 우리나라가 최초인 것이지요.

  자율주행 버스를 처음 타 본 승객들은 사람이 아닌 자율주행 시스템이 운전을 하는 이 버스가 정말 안전할지 걱정했는데요. 버스정류장이나 신호등 앞에서 급정거를 하는 등 다소 부자연스러운 운전을 보이긴 했지만, 시속 45km 이하의 제한 속도를 유지하고 안정적으로 커브를 도는 모습을 보며 앞으로 더욱 발전될 자율주행 버스에 대해 기대감을 가졌다고 해요.

  버스에 이어 심야 자율주행 택시도 올해 7월부터 시범 운영을 한 뒤 8월부터 운행될 예정이에요. 미국과 중국에 이어 우리나라가 세 번째로 선보이는 심야 자율주행

택시는 정해진 노선을 달리는 버스와 달리 승객이 원하는 지역까지 스스로 경로를 찾고 이동하는 등 더 고도화된 기술을 필요로 한다고 해요. 사람들의 이동을 편리하게 만들어주는 미래 모빌리티 기술이 어디까지 발전할 수 있을지 정말 기대가 되네요.

기사 더 알아보기

1. 기사의 내용을 확인해 보세요.

서울시는 세계 최초로 ☐☐ ☐☐☐☐ ☐☐ 의 운행을 선보였어요.

2. 맞으면 O, 틀리면 X 하세요.

- 심야A21번 버스는 승객들이 가장 많은 낮 시간대에 운행을 해요. ☐
- 심야 자율주행 버스를 운행하는 나라는 미국과 중국에 이어 우리나라가 세 번째예요. ☐
- 심야 자율주행 택시는 심야 자율주행 버스보다 더 고도화된 기술을 필요로 해요. ☐

3. 깊이 탐구해 보세요.

- 자율주행 교통수단의 발전으로 인해 생기는 편리함과 어려움을 예측해 보세요.

_____

_____

어휘 알아보기

개입 : 나와는 관계가 없는 일에 끼어든다는 뜻이에요.
제어 : 기계나 설비가 목적에 맞게 움직이도록 조절하는 걸 말해요.
시범 : 모범을 보이는 것을 말해요. '태권도 시범을 보여주다.'와 같은 형태로 많이 쓰여요.
노선 : 버스나 기차 등 이동수단이 일정한 두 지점을 정기적으로 오가는 길을 말해요.
고도화 : 기술의 수준이 높아지는 걸 말해요.

연계 교과 과정 | 5학년 2학기   1. 옛 사람들의 삶과 문화

김연아 선수의 스케이트가 박물관에?

신문 읽기 전, 지식 챙기기

우리나라의 역사가 담긴 문화유산을 후손들에게까지 전해 주기 위해서는 적절한 관리와 보호가 필요해요. 문화재청은 문화유산이 손상되는 것을 최소화하고 원래의 상태를 유지할 수 있도록 다양한 노력을 해 오고 있어요.

　박물관에 있는 수많은 문화유산에는 우리나라의 역사와 정서가 담겨 있어요. 우리가 오래된 유산들을 통해 과거 역사를 살펴보듯, 미래의 사람들은 현대에 새로 생겨나는 유산을 통해 현재 우리의 삶을 새로운 역사의 한 면으로 만나게 될 거예요.

　문화재청은 그간 만들어진 지 50년이 넘은 문화유산을 '근현대 문화유산'으로 지정해 보존하고 관리하기 위해 노력해 왔어요. 하지만 '50년이 넘어야 한다'는 기준이 있어서, 50년이 되지 않은 근현대의 문화유산은 알맞은 보호를 받기 힘들었지요. 그 때문에 새로 생겨난 문화유산의 가치가 제대로 평가받기도 전에 손상되거나 손실되기도 하는 등 관리하는 데에 문제가 있었어요.

　그런데 올 9월부터 50년 미만의 문화유산도 문화재청의 보호와 관리를 받을 수 있는 '예비 문화유산' 제도가 처음으로 시행된다고 해요. 현대의 우리 삶과 문화를 대표하고, 장래 문화유산으로 등록될 가능성이 높아 특별히 보존할 필요가 있는 50년 미만의 문화유산도 법적인 보호를 받을 수 있게 된 것이지요.

　문화재청은 문화유산을 소유하고 있는 이들에게 신청을 받은 뒤 전문가의 조사와 문화재위원회 심의를 거쳐 예비 문화유산을 선정할 계획이라고 해요. 선정된 문화유산이 만들어진 지 50년이 지나면 국가문화재로도 등록할 수 있도록 관련 절차도 검토할 예정이에요. 1988년 서울올림픽 개회식에서 평화로운 세계에 대한 희망을 전하며 주목받은 굴렁쇠, 피겨 여왕 김연아 선수가 2010년 밴쿠버 동계올림픽에서 금메달을 딸 때 신었던 스케이트, 국내 최초의 김치 냉장고, 국내 최초의 개인용

컴퓨터인 'SE-8001'도 유력한 후보라고 하네요.

기사 더 알아보기

1. 기사의 내용을 확인해 보세요.
문화재청은 ☐☐ ☐☐☐ 제도를 통해 50년 미만 문화유산의 가치가 제대로 평가되기도 전에 손상되거나 손실되는 문제를 해소하려고 해요.

2. 맞으면 O, 틀리면 X 하세요.
- 그동안은 형성된 지 50년이 넘은 근현대 문화유산만 문화유산으로 등록해 왔어요. ☐
- 예비 문화유산으로 선정되면 문화재청의 보호와 관리를 받을 수 있어요. ☐
- 예비 문화유산으로 선정되고 일정 기간이 지나면 국가문화재로 자동 등록돼요. ☐

3. 깊이 탐구해 보세요.
- 예비 문화유산으로 선정하면 좋을 것 같은 유산을 하나 골라 보고 그 이유를 함께 써 보세요.

___

___

어휘 알아보기

근현대 : 지난 지 얼마 되지 않은 가까운 시대를 뜻하는 '근대'와 지금의 시대를 말하는 '현대'를 아울러 이르는 말이에요.
손상 : 물체가 깨지거나 상하는 일을 말해요.
손실 : 무언가를 잃어버려 손해를 보는 것을 의미해요.
장래 : 앞으로 다가올 나날을 말해요.
선정 : 고르는 일을 말해요.

연계 교과 과정 | 4학년 1학기 1. 지역의 위치와 특성

동계 스포츠의 중심지는 어디?

신문 읽기 전, 지식 챙기기

중심지는 사람들이 필요한 것을 구하거나 여러 시설을 이용할 수 있어 사람이 많이 모이는 곳이에요. 그래서 교통이 편리하고 건물의 수가 많으며, 건물이 대체로 높아요. 또 생활 편의 시설들이 모여 있어 차와 사람이 많고 복잡하지요. 행정, 산업, 상업, 교통, 관광 등 다양한 중심지들이 있어요.

2024 강원 동계 청소년 올림픽 대회에는 세계 78개국에서 1,800여 명의 선수와 코치진을 비롯한 1만 5,000여 명의 선수단이 참가했어요. 강릉 올림픽파크에서 열린 빙상 경기는 연일 매진됐고, 봅슬레이와 스켈레톤 종목에도 관람객들의 발길이 이어졌어요.

이런 국제적인 대회는 지역의 문화를 세계에 알릴 좋은 기회이기도 해요. 그래서 강원특별자치도에서는 경기 외에 문화 행사도 풍성하게 마련했어요. 'K-팝 댄스 배우기' 프로그램 운영과 예술 작품 전시, 대한민국 최고 예술가들의 다양한 문화예술 공연 등을 선보였어요. 달고나 만들기 체험이나 가래떡·감자·군밤·떡볶이 등의 K-푸드도 경험할 수 있도록 K-컬처 페스티벌을 열어 인기를 끌었어요.

성공적인 대회 개최 뒤에는 여러 사람들의 숨은 노력이 담겨 있어요. 개막 이틀을 앞두고 심판 2명이 노로바이러스 확진 판정을 받아 긴장을 하기도 했지만 전문 인력을 긴급 투입하고 방역을 철저히 하여 확산을 성공적으로 막아냈어요. 대회 기간에 내린 폭설로 경기에 차질을 빚지 않도록 밤샘 도로 제설 작업을 했고, 자원봉사자와 대회 운영 인력들에게 방한 유니폼을 지급하고 일하는 시간을 줄이는 등 한파에도 대회 진행에 문제가 생기기 않도록 했어요.

2018년 평창 동계 올림픽에 이어 6년 만에 강원특별자치도에서 개최된 청소년 올림픽을 통해 강원특별자치도는 아시아 동계 스포츠의 중심지로 부상했고, K-컬처를 세계에 확산시킬 수 있는 또 하나의 계기가 되었어요.

기사 더 알아보기

1. 기사의 내용을 확인해 보세요.

어떤 일이나 활동을 하려고 사람이 많이 모이는 곳을 ☐☐☐ 라고 해요.

2. 맞으면 O, 틀리면 X 하세요.
- 2024 강원 동계 청소년 올림픽 대회 경기 중 빙상 경기는 사람들의 관심을 받지 못했어요. ☐
- 2024 강원 동계 청소년 올림픽 대회에서는 국내 최고 예술가들의 다양한 문화예술 공연을 선보였어요. ☐
- 성공적인 대회 개최는 선수단과 코치만의 노력으로도 가능했어요. ☐

3. 깊이 탐구해 보세요.
- 내가 사는 지역의 중심지에서 국제대회가 열린다면 경기 이외에 소개하고 싶은 우리나라의 문화가 있나요? 그것을 소개하고 싶은 이유는 무엇인가요?

_____

_____

어휘 알아보기

빙상 경기 : 얼음판 위에서 하는 경기를 말해요.
연일 : '여러 날을 계속하여'라는 뜻이에요.
매진 : 하나도 남지 않고 다 팔린 것을 말해요.
개막 : 막을 열거나 올린다는 뜻으로, 연극이나 음악회, 행사 등을 시작하는 것을 뜻해요. 개막의 반대말로는 막을 내린다는 뜻의 '폐막'이 있어요.
노로바이러스 : 감염된 사람에게 장염을 일으키는, 전염성이 높은 바이러스예요.
차질 : 원래 하려던 일이 계획에서 어긋나는 것을 말해요.
방한 : 추위를 막는 것이에요.

연계 교과 과정 | 3학년 1학기 3. 교통과 통신수단의 변화

무궁무진한 전화기의 발전

신문 읽기 전, 지식 챙기기

운전자 없이 스스로 운전하는 자율주행 자동차, 집에서 사용하는 가전 기구를 집 밖에서도 작동시킬 수 있는 스마트홈 기술 등 인공지능의 시대를 맞이해 우리 삶에는 다양한 변화가 찾아왔어요. 인공지능 기술은 앞으로 더 많은 분야에 적용되어 더욱더 편리한 일상을 만들어낼 거예요.

영화나 드라마를 통해 현재 우리가 사용하고 있는 스마트폰이 아닌 다른 모양의 휴대 전화를 본 적 있나요? 지금과 같이 직접 화면을 터치하는 방식이 아니라 키패드를 눌러야 한다거나, 휴대 전화의 뒷면을 열어 배터리를 직접 교체하는 등 조금만 시간을 거슬러 올라가도 휴대 전화의 모양과 기능은 지금과 큰 차이가 있어요.

손쉽게 휴대할 수 있는 형태의 전화기인 '휴대 전화'는 1970년대에 처음 등장했어요. 1세대 휴대 전화로 알려진 초기의 무선 전화기는 기능이 오직 '전화 통화'뿐이었어요. 그것도 가까운 거리에서만 통화가 가능했고 기계의 크기가 크고 무거워 거대한 벽돌 같은 생김새를 가졌지요. 이후 휴대 전화는 **통신** 기술의 발달과 함께 수많은 기능이 추가되며 현재의 스마트폰 형태로까지 발전했어요. 이제 전화 기능은 스마트폰으로 즐길 수 있는 **콘텐츠**와 기능 중 하나일 뿐이에요.

스마트폰의 진화는 지금도 계속되고 있어요. 이제는 생활 속 모든 기술들과 연결되고 있는 인공지능 기술이 스마트폰과 다양한 방식으로 결합하고 있다고 해요. 예를 들어, 별도의 앱을 사용하지 않아도 외국인과 통화할 때 인공지능 기능을 이용해 실시간으로 통역을 해주거나, 언어만 설정하면 한국어로 쓴 문자를 외국어로 바로 번역해 발송하는 실시간 통·번역 기능이 개발되었어요. 그 밖에도 인공지능을 이용

한 다양한 기술들은 계속해서 개발될 예정이에요.

스마트폰 개발자들은 인공지능 기술이 '장벽 없는 일상의 소통'을 가능하게 하고, 많은 일을 더욱 쉽고 효율적으로 해결할 수 있을 것이라고 기대하고 있어요.

 기사 더 알아보기

1. 기사의 내용을 확인해 보세요.

1세대 휴대 전화의 기능은 오직 ☐☐ ☐☐ 뿐이었어요.

2. 맞으면 O, 틀리면 X 하세요.

- 1970년대에 처음 등장한 초기의 휴대 전화는 크기가 작고 가벼워 휴대하기 편했어요. ☐
- 새롭게 개발된 인공지능 통역 기능을 사용하려면 스마트폰에 별도의 앱을 설치해야 해요. ☐
- 인공지능을 이용한 다양한 스마트폰 관련 기술들은 계속해서 개발될 예정이에요. ☐

3. 깊이 탐구해 보세요.

- 여러분이 스마트폰 개발자라면 AI 기능을 활용하여 어떤 새로운 기능을 개발해 보고 싶나요? 그리고 그 이유는 무엇인가요?

_____

_____

 어휘 알아보기

통신 : 우편이나 전화 등으로 정보와 소식을 주고받는 걸 뜻해요.
콘텐츠 : 인터넷과 같은 통신망을 이용해 제공되는 각종 디지털 정보를 말해요.
장벽 : 무언가를 하지 못하도록 가로막는 장애물을 말해요.

나는야 초등 뉴스왕

뉴스 읽기 심화

연계 교과 과정 | 3학년 2학기 2. 시대마다 다른 삶의 모습

우리나라에서 가장 많이 발생하는 암은 무엇일까요?

신문 읽기 전, 지식 챙기기

국가암등록통계는 의료 기관의 진료 기록을 바탕으로 암 발생의 원인과 치료에 관한 자료를 지속적이고 체계적으로 수집 분석하여 국민의 암 발생률, 생존률 등의 통계를 내는 사업이에요.

　우리나라 보건복지부와 중앙암등록부(국립암센터)는 2년마다 '국가암등록통계'를 발표해요. 국가암등록통계 사업은 국가가 2년마다 국민의 건강을 조사하여 그 결과를 알려주는 것으로 2021년의 조사 결과를 정리해 2023년에 발표했어요. 이 통계는 우리나라 사람들의 암 발생률을 살펴보고 국민 건강을 위해 어떻게 생활을 개선해야 할지를 알려주는 좋은 자료가 돼요.

　통계를 살펴보면 2021년 남녀 전체에서 가장 많이 발생한 암은 갑상샘암이었고, 대장암, 폐암, 위암, 유방암 등이 뒤를 이었어요. 성별에 따라 많이 발생하는 암이 달랐는데요. 남자는 폐암이 1위, 그 뒤로 위암, 대장암 등의 순이었고, 여자는 유방암이 1위, 그 뒤로 갑상샘암, 대장암, 폐암 등의 순이었어요.

　지난 10년간 우리나라 국민의 암 발생 변화를 살펴보면 위암, 대장암, 간암, 자궁경부암의 발생률은 줄었지만 유방암의 발생률은 20년 동안 계속 증가하고 있어요.

　남녀 전체에서 많이 나타나는 폐암과 대장암은 나이가 들수록 증가하는 대표적인 암이에요. 65세 이상에서 가장 많이 발병하는 암이 바로 폐암인데 이는 고령화가 원인이에요. 폐암의 또 다른 원인은 흡연이고 흡연을 하지 않더라도 요리할 때 발생하는 매연과 간접흡연도 원인이 될 수 있어요.

　대장암은 발병 원인이 다양해요. 한국인들의 경우 짜고 매운 자극적인 음식과 패스트푸드, 가공육과 적색육 섭취가 주요 원인이에요. 또 흡연, 과음, 과도한 스트레스

등도 영향을 미쳤어요.

  암을 발생시키는 공통 원인은 기름진 음식을 먹는 식습관과 운동 부족으로 인한 비만 등이 있어요. 올바른 식습관을 가지고 규칙적인 운동을 하여 건강을 지키도록 해요.

기사 더 알아보기

1. 기사의 내용을 확인해 보세요.

의료 기관의 진료 기록을 바탕으로 암 발생의 원인과 치료에 관한 자료를 지속적이고 체계적으로 수집 분석하여 국민의 암 발생률, 생존률 등의 통계를 내는 사업을 ☐☐☐☐☐☐☐ 라고 해요.

2. 맞으면 O, 틀리면 X 하세요.

- 2021년 남녀 전체에서 가장 많이 발생한 암은 갑상샘암이에요.
- 10년 전과 비교했을 때 위암, 대장암, 간암, 자궁경부암의 발생률은 줄어들었어요.
- 비흡연자는 폐암에 걸릴 위험이 없어요.

3. 깊이 탐구해 보세요.

- 2021년 국가암등록통계 결과를 정리해 보세요.

2021년 남녀 전체에서 가장 많이 발생한 암				
1위	2위	3위	4위	5위

남자			여자		
1위	2위	3위	1위	2위	3위

- 암을 발생시키는 공통적인 원인은 무엇인가요? 암 발생을 줄이기 위한 노력으로 어떤 것들이 필요할까요?

_____

_____

 어휘 알아보기

암 : 우리 몸을 이루는 세포가 여러 가지 원인으로 무제한으로 많아지며 악성 종양을 일으키는 병이에요.
발생률 : 어떤 사물이 생겨나거나 나타나는 비율을 말해요.
패스트푸드 : 주문하면 즉시 완성되어 나오는 식품을 통틀어 말해요.
가공육 : 가공한 고기. 햄, 베이컨, 소시지 등을 말해요.
적색육 : 육질이 붉은색을 띠고 있는 고기를 말해요.
섭취 : 생물체가 양분 따위를 몸속에 빨아들이는 일을 말해요.

연계 교과 과정 | 3학년 2학기 3. 가족의 모습과 역할 변화

'나 혼자 산다!' 늘어나는 나 홀로 가구

신문 읽기 전, 지식 챙기기

인구 주택 총조사는 우리나라의 인구수와 주택 수를 파악하기 위해 전 국민을 대상으로 5~10년마다 실시하는 조사를 말해요. 이 조사를 통해 얻은 우리나라 사람들의 정보(혼인, 자녀, 주택 등)를 종합하여 더 나은 정책을 세우는 데 활용해요.

　우리나라의 '나 홀로 가구'가 작년보다 늘었어요. 2024년 1월 행정안전부의 발표에 따르면 혼자 사는 1인 가구, 즉 '나 홀로 가구'가 차지하는 비중이 인구의 40%를 넘어섰다고 해요. 이 말은 10가구 중 4가구 이상이 혼자 산다는 것을 뜻해요. 행정안전부는 앞으로도 나 홀로 가구가 더 늘어날 것으로 예견하고 있어요.

　그런데 2023년 통계청의 인구 주택 총조사에서 1인 가구 비중이 34%라고 발표되었다고 해요. 행정안전부에서 발표한 주민등록 인구 통계에서 1인 가구가 40%를 넘어섰다는 결과와는 차이가 크지요.

　이런 결과가 나온 것은 통계청과 행정안전부의 집계 방식의 차이 때문이었어요. 통계청은 한집에 함께 살지 않는 가족도 생계를 같이 하면 1가구로 집계했고, 행정안전부는 실제 사는 곳(주민등록 주소지)을 기준으로 그곳에 혼자 살고 있다면 1가구로 집계했어요. 예를 들어 3인 가족이 직장 문제로 모두 다른 지역에 살며 주소지 등록을 다르게 했을 때 통계청은 1가구로, 행정안전부는 3가구로 집계한 것이지요.

　이번 행정안전부의 발표로 1인 가구의 수가 통계청이 발표한 것보다 실제로는 더 많다는 것을 알게 되었어요. 또한 2022년보다 2인 가족과 3인 가족의 수는 더 늘었고, 4인 이상의 가족은 줄었다고 해요. 이렇게 나 홀로 가족이 갈수록 늘어나는 이유는 결혼을 하지 않는 미혼자와 혼자 사는 노인들이 많아지고 있기 때문이에요. 앞으로 우리나라 인구 구성에서 나 홀로 가구가 차지하는 비중은 더 커질 것이므로,

우리 정부도 늘어나는 1인 가구를 위한 다양한 정책을 마련해야 해요.

기사 더 알아보기

1. 기사의 내용을 확인해 보세요.

우리나라의 인구수와 주택 수를 파악하기 위해 전 국민을 대상으로 5~10년마다 실시하는 조사를 ☐☐ ☐☐ ☐☐☐ 라고 해요.

2. 맞으면 O, 틀리면 X 하세요.

- 우리나라의 1인 가구는 줄어들고 있어요. ☐
- 통계청과 행정안전부의 집계 방법이 달라 혼자 사는 사람에 대한 조사 결과가 다르게 나왔어요. ☐
- 2022년보다 2인 가족, 3인 가족은 더 늘었지만 4인 이상의 가족은 줄었어요. ☐

3. 깊이 탐구해 보세요.

- 나 홀로 가구가 늘어나는 이유는 무엇일까요?

_____

_____

- 통계청과 행정안전부의 집계 방식이 어떻게 다른지 차이점을 정리해 보세요.

통계청	행정안전부

• 1인 가구가 계속 증가하면 우리 사회는 어떻게 변화할까요?

___

___

 어휘 알아보기

행정안전부: 전자 정부, 민생 치안, 지방 자치 제도 개선, 선거, 국민 투표 관리 등의 사무를 맡아보는 중앙 행정 기관을 말해요.
1인 가구 : 혼자서 생활하는 가구를 뜻해요.
통계청: 재정 경제원 소속으로, 통계의 기준 설정과 인구 조사 및 각종 통계에 관한 사무를 맡아보는 중앙 행정 기관을 말해요.
생계: 살아갈 방도나 형편을 뜻해요.
미혼자 : 결혼을 하지 않은 사람을 뜻해요.

연계 교과 과정 | 4학년 2학기   3. 사회 변화와 문화 다양성

나날이 발전하는 AI, 이대로 괜찮을까?

신문 읽기 전, 지식 챙기기

인공지능(Artificial Intelligence, AI)은은 인간의 지능을 컴퓨터로 구현한 기술로, 인간과 같이 사고하고 생각하고 학습하고 판단하는 논리적인 방식을 사용하는 컴퓨터 프로그램을 말해요.

요즘 우리 사회의 많은 분야에서 AI(인공지능)가 활용되고 있어요. 스마트폰의 AI는 사진을 더 예쁘게 만들어주고, 사용자의 목소리를 듣고 질문에 답을 하기도 해요. 온라인 쇼핑몰에서 사용되는 AI는 사용자가 상품을 구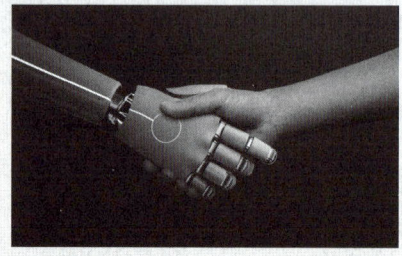매했던 이력과 검색한 정보를 가지고 사용자에게 맞춤 상품을 추천해요.

자동차에 있는 AI는 자율주행, 차선 유지, 충돌 예방 등의 기능으로 운전자의 안전 운전을 도와요. 병원에서는 질병을 진단하는 데 AI를 활용하기도 하는데, 환자의 병력과 현재 증상을 토대로 질병을 예측하거나 치료 방법을 알려주는 AI도 만들어질 거라고 해요. 은행 같은 금융기관에서는 고객의 금융 거래 패턴을 분석하여 부정한 금융 거래를 탐지하거나, 고객에게 알맞은 금융 상품을 추천하는 데 AI를 활용하고 있어요. 이뿐 아니라 현재 학교, 도서관, 교통 시스템, 농업 등 다양한 분야에서 AI를 활용하고 있으며 앞으로 더 많은 분야에서 사용될 거예요.

AI가 우리 생활에 깊숙이 들어와 많은 것이 편리해졌지만, 많은 분야에서 AI를 활용하는 만큼 여러 가지 문제가 발생할 수 있어요. 앞으로는 AI와 사람이 일자리를 두고 경쟁하게 될 수도 있어요. AI 기술을 악용하여 가짜 뉴스를 만들어 퍼뜨리거나, 다른 사람의 개인 정보를 침해하고 저작권을 위반하는 사건도 늘어날 거예요. AI

가 발전하는 만큼 관련 법과 규칙에 대해 함께 고민해 보고, 앞으로 발생할 여러 문제에 대한 대책도 마련해야 해요.

기사 더 알아보기

1. 기사의 내용을 확인해 보세요.

인간의 지능을 컴퓨터로 구현한 기술로, 인간과 같이 사고하고 생각하고 학습하고 판단하는 논리적인 방식을 사용하는 컴퓨터 프로그램을 ☐☐☐☐ (☐☐)라고 해요.

2. 맞으면 O, 틀리면 X 하세요.

- AI가 여러 방면에서 우리 생활을 편리하게 해주고 있어요. ☐
- 금융기관에서는 거래 패턴을 분석하여 부정한 거래를 탐지하거나, 고객에게 알맞은 금융 상품을 추천하는 데 AI를 활용하기도 해요. ☐
- AI로 인한 피해는 적을 것이므로 그에 대한 대책은 아직 생각하지 않아도 돼요. ☐

3. 깊이 탐구해 보세요.

- 현재 우리가 사용하고 있는 인공지능 기술은 어떤 것이 있는지 찾아 보세요.

집	학교와 사회

- AI 기술을 사용해 사람들을 도울 수 있다면 어떤 것을 만들고 싶나요? 그 이유도 함께 써 보세요.

_____

_____

- 인공지능 기술로 인해 걱정되는 부분들도 있어요. 인공지능으로 인해 발생할 수 있는 문제점들을 기사에서 찾아 정리해 보세요.

_____

_____

어휘 알아보기

병력 : 병에 걸렸던 내력을 뜻해요.
탐지 : 감추어졌거나 드러나지 않은 사실, 물건 등을 찾아내거나 알아내는 것을 말해요.
악용 : 알맞지 않게 쓰거나 나쁘게 이용하는 것을 뜻해요.
개인 정보 : 신체, 재산, 사회적 지위, 신분 등 개인에 관해 알 수 있는 모든 정보들을 말해요.
침해 : 함부로 침범하고 해를 끼치는 것을 뜻해요.
저작권 : 창작물을 만들어 세상에 내놓은 사람들이 법적으로 보호받을 수 있는 권리를 말합니다.
대책 : 어떤 일에 대처할 방법을 뜻해요.

연계 교과 과정 | 5학년 1학기   1. 국토와 우리 생활

이제, 전라북도라고 부르지 마세요

신문 읽기 전, 지식 챙기기

행정구역이란 학교나 집 주소에 나오는 지역의 명칭으로 나라를 효율적으로 관리하기 위해 나눈 지역을 말해요. 우리나라는 가장 넓은 범위의 행정구역으로 특별시·광역시·도·특별자치도·특별자치시, 그 다음은 조금 더 좁은 범위의 행정구역인 시·군·구, 더 좁은 범위의 행정구역인 읍·면·동 등의 행정구역으로 나뉘어요.

    전라북도의 명칭이 전북특별자치도로 바뀌게 됐어요. 전라북도의 명칭은 1896년 전라도가 남·북도로 변경된 이후 128년 동안 사용되어 왔어요. 전북특별자치도는 제주와 강원에 이은 세 번째 특별자치도로, 세종특별자치시를 포함하면 네 번째 특별 광역자치단체가 돼요.

    도와 특별자치도는 어떤 차이점이 있을까요? 특별자치도는 중앙 정부로부터 각종 권한을 넘겨받아 사업 추진 속도가 빠르고 국가의 재정 지원을 받기가 보다 쉬워진다고 해요. 특별자치도가 되면 많은 장점이 생기지만, 원한다고 해서 모든 도를 특별자치도로 바꿀 수 있는 건 아니에요. 도에서 특별자치도로 바뀌기 위해서는 관련 법이 필요해요. 전북 지역 국회의원들은 전북특별자치도 설치 등을 위한 특별법을 발의 했고 131개의 조문이 담겨 있어요. 131개의 조문이 모두 통과되어 131개의 특별한 자치 권한을 가지게 되었어요.

    전북특별자치도는 전북특별법을 기반으로 농생명 산업과 문화 관광 산업, 고령친화 산업, 미래 첨단 산업, 민생 특화 산업 등 5개 핵심 산업을 추진해요. 이차전지, 국제 K-팝 학교를 비롯한 미래 먹거리 산업에서 정부의 전폭적인 지원을 받을 수 있게 되었어요.

    전북특별법 공포 이후 전북도청 간판을 전북특별자치도로 바꾸고 도민이 새로 발급받는 신분증, 주민등록 초본, 가족관계증명서, 등기부등본 등 각종 서류에도 전북

특별자치도 명칭이 새겨져요. 이제는 전라북도를 우리가 원래 부르던 명칭이 아닌, '전북특별자치도'라는 새 이름으로 불러주세요.

기사 더 알아보기

1. 기사의 내용을 확인해 보세요.

1896년부터 사용되어 온 전라북도의 명칭이 ☐☐☐☐☐☐☐ 로 바뀌어요.

2. 맞으면 O, 틀리면 X 하세요.

- 전라북도의 명칭은 128년 만에 바뀌었어요. ☐
- 도와 특별자치도는 이름만 다를 뿐 다른 특별한 차이가 없어요. ☐
- 전라북도의 명칭이 전북특별자치도로 바뀌면 도민들의 신분증 등의 각종 서류에도 전북특별자치도 명칭이 쓰여요. ☐

3. 깊이 탐구해 보세요.

- 아래의 표는 우리나라의 행정구역이에요. 전라북도가 특별자치도로 명칭을 바꾸는 이유는 무엇일까요?

특별시	서울특별시
광역시	부산광역시, 인천광역시, 대구광역시, 대전광역시, 광주광역시, 울산광역시
도	경기도, 충청북도, 충청남도, 전라남도, 경상북도, 경상남도
특별자치도	제주특별자치도, 강원특별자치도, 전북특별자치도
특별자치시	세종특별자치시

- 전북특별자치도에서 추진하고 있는 5개의 핵심 산업은 무엇인지 정리해 보세요.

 어휘 알아보기

광역자치단체 : 지역이 넓거나 인구가 많은 시·도의 자치 행정을 맡아서 하는 단체를 말해요. 자치 행정이란 주민이 스스로의 손에 의하여 또는 그들이 뽑은 대표 기관에 의해서 지방의 일을 처리하는 방식을 말해요.

중앙 정부 : 나라 전체의 살림을 맡아 하는 정부를 말해요.

권한 : 어떤 사람이나 기관의 권리나 권력이 미치는 범위예요.

재정 지원 : 국가 또는 공공 단체가 공공 정책, 행정 활동을 하는데 필요한 돈이나 경제 활동을 지원하는 것 말해요.

발의 : 국회에서 국회의원이 의안(토의하거나 조사할 거리)을 제출하는 일을 말해요.

조문 : 규정이나 법령 등의 항목이에요.

민생 : 일반 국민의 생활, 생계를 뜻해요.

특화 : 생산에 유리한 물건이나 서비스를 전문적으로 생산하는 것을 말해요.

공포 : 일반 대중에게 널리 알리는 것을 말해요.

연계 교과 과정 | 4학년 1학기 1. 지역의 위치와 특성

세계 최초로 아프리카를 포함한 세계 지도를 제작한 나라는?

신문 읽기 전, 지식 챙기기

지도는 장소의 위치를 파악할 수 있어 원하는 장소에 쉽게 찾아가기 위해 필요해요. 지도를 통해 장소의 위치뿐만 아니라 방향, 산의 높이, 두 장소 간의 거리 등을 알 수 있어요. 지도는 방위표, 기호와 범례, 축척, 등고선 등으로 구성되며, 약도, 지하철 노선도, 관광 안내도 등의 다양한 형태로 우리의 실생활에서 사용되어요.

세계 최초로 아프리카를 포함한 세계 지도를 제작한 나라는 어디일까요? 바로 조선인데요. 조선 태종(太宗) 2년(1402년)에 제작된 가로 164cm, 세로 148cm의 대형 세계 지도가 바로 그 주인공이에요. 오른쪽에 보이는 이 지도의 이름은 혼일강리역대국도지도(강리도)인데, 역대 나라의 수도를 표기한 지도라는 뜻이라고 해요.

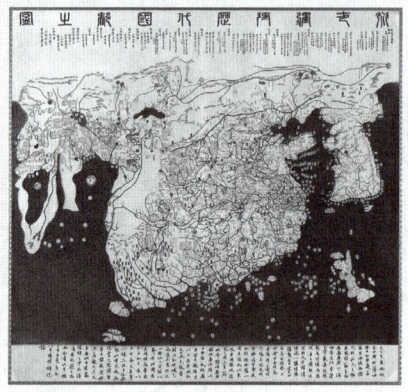

현재 원본은 전해지지 않고 일본에 필사본 2점이 보관되어 있어요. 이 지도는 20세기 초 일본 교토에서 발견된 이후로 세계의 관심을 받아 왔어요. 정작 우리나라에서는 관심을 받지 못하다가 서울대학교 지리학과 교수였던 고(故) 이찬 교수가 일본에 보관되어 있는 혼일강리역대국도지도를 발견하고 이를 세상에 알리기 위한 작업을 했어요.

처음에 일본은 이 지도의 사진 촬영조차 허가하지 않았다고 해요. 그러자 이 교수는 인맥을 총동원해 어렵게 류코쿠대학교가 보관하고 있던 실물 사진을 입수하는 데 성공했어요. 그 사진을 초상화 전문가에게 보여주고 초상화를 그리듯 지도를 따

라 그리고 서예가의 도움을 받아 한 글자, 한 글자 사전을 찾아가며 지도 위에 지명을 써넣었다고 해요. 이렇게 하여 마침내 1983년에 혼일강리역대국도지도의 모사본이 완성될 수 있었어요.

　예부터 지도는 군사, 경제, 문화, 교육 등 나라를 다스리는 데 꼭 필요한 물건이었어요. 그래서 우리 선조들은 지도의 중요성을 알고 일찍부터 세계 최고 수준의 지도를 만들어 온 것이에요. 이를 이어받아 우리의 우수한 옛 지도를 세계에 널리 알리고 지도 강국으로서의 명성을 이어 가면서 세계 시민으로 발돋움할 수 있기를 기대해 봐요.

기사 더 알아보기

1. 기사의 내용을 확인해 보세요.

세계 최초로 아프리카를 포함한 세계 지도이며 조선 태종 2년에 만들어진 지도는 ☐☐☐☐☐☐☐☐☐☐ 예요. 줄여서 ☐☐☐ 라고도 불러요.

2. 맞으면 O, 틀리면 X 하세요.

- 혼일강리역대국도지도는 아프리카를 최초로 포함한 세계 지도라는 뜻이에요. ☐
- 혼일강리역대국도지도의 원본은 일본에 위치한 류코쿠대학교가 보관하고 있어요. ☐
- 우리나라에는 혼일강리역대국도지도의 모사본이 존재해요. ☐

3. 깊이 탐구해 보세요.

- 혼일강리역대국도지도가 가지는 의미를 한 가지 설명해 보세요.

_____

_____

- 초상화 전문가가 혼일강리역대국도지도를 처음 모사할 때를 상상하며 우리나라 지도를 따라 그려 보아요. 서예가가 지도 위에 지명을 쓰듯이 행정구역의 이름을 써 넣어 보세요.

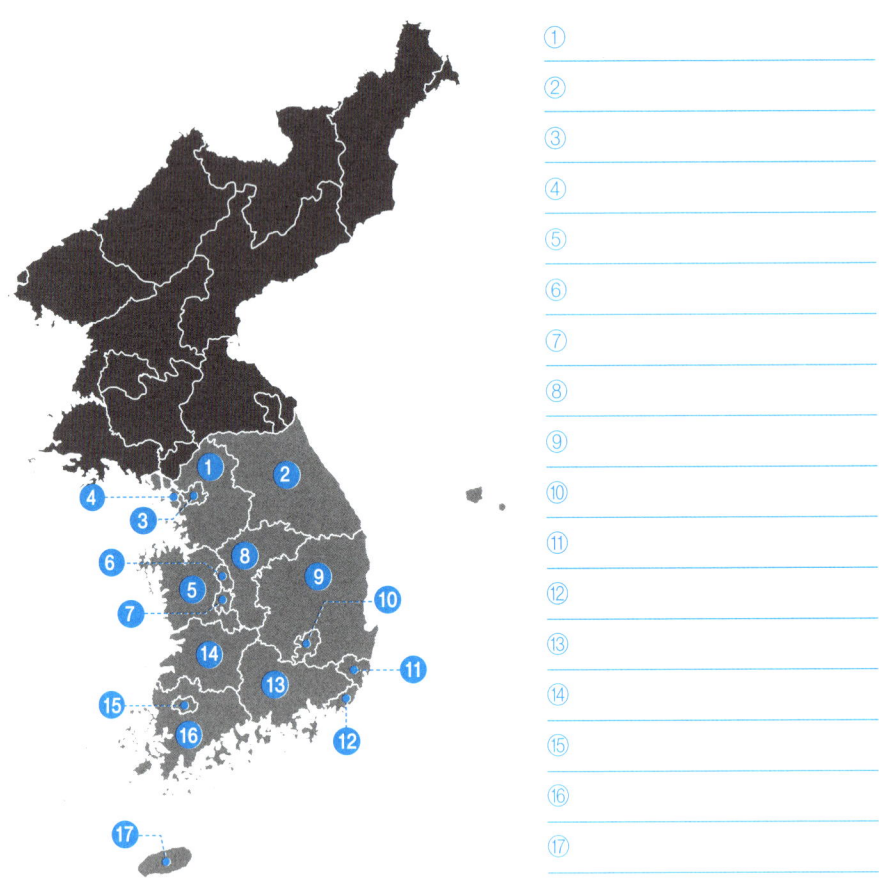

① _____
② _____
③ _____
④ _____
⑤ _____
⑥ _____
⑦ _____
⑧ _____
⑨ _____
⑩ _____
⑪ _____
⑫ _____
⑬ _____
⑭ _____
⑮ _____
⑯ _____
⑰ _____

어휘 알아보기

표기 : 적어서 나타내는 것 또는 적어서 나타낸 기록을 말해요.
필사 : 베끼어 쓰는 것을 말해요.
인맥 : 같은 학교를 다니거나 졸업한 사람, 아는 사람, 가족이나 친척과 같은 사람들끼리 이어진 관계에요.
모사 : 어떤 그림의 본을 떠서 똑같이 그린 것이에요.

연계 교과 과정 | 5학년 1학기   1. 국토와 우리 생활

대한민국을 덮치는
자연재해를 조심해요!

신문 읽기 전, 지식 챙기기

우리나라의 자연재해에는 황사, 가뭄, 폭염, 홍수, 태풍, 한파, 폭설, 지진 등이 있어요. 자연재해에 대비하기 위해 국가는 자연재해를 예측하고 기상 특보를 통해 신속하게 알려요. 자연재해 예방 및 피해 감소를 위해 시설물을 설치하고, 자연재해 대응 및 피해 복구 대책도 미리 세워 자연재해가 발생하면 빠르게 복구해요.

전국 17개 시·도 중 최근 10년간 자연재해로 가장 큰 피해를 본 곳은 어디일까요? 바로 경상북도예요. 2013부터 2022년까지, 전국에서 자연재해로 실종 및 사망한 사람은 총 302명이었어요. 그중 경상북도에서 발생한 사망 및 실종자는 51명으로 전체의 17%나 차지하며 전국에서 가장 자연재해 피해가 큰 곳으로 확인됐어요. 경상북도의 인구는 2022년 말 기준 260만 492명으로 우리나라 전체 인구의 5% 수준인데 말이에요.

2위는 사망·실종자 수가 48명인 경기도인데요. 경기도는 인구가 경상북도에 비해 5배나 많아요. 전남이 26명으로 3위, 충북·부산이 25명으로 공동 4위, 서울이 22명으로 그 뒤를 따랐어요.

경상북도가 1위를 차지한 이유는 우리나라에 사상 최다 태풍이 몰아친 2019~2020년에 발생한 주요 태풍들의 경로에 경상북도가 있었기 때문이에요. 2016년과 2017년에 각각 경주와 포항에서 발생한 지진 또한 피해가 컸어요.

한편 최근 10년간 가장 많은 인명 피해가 발생한 자연재해는 '폭염'으로, 총 180명의 사망자가 발생했어요. 폭염은 2018년 이후부터 피해 규모를 집계하기 시작했음에도 불구하고 2위인 호우보다 인명 피해가 2배 이상 많아요. 2022년에도 폭염 인명 피해는 34명으로, 호우 19명보다 1.8배 많았어요.

2023년에 환경부가 발표한 '대한민국 기후 변화 적응 보고서'에 따르면 대한민국은 전 세계 평균보다 더 빠른 온난화 속도를 보이고 있어요. 이와 함께 폭우, 폭염, 겨울철 이상 고온 및 한파의 강도와 빈도가 높아지고 있어 재산과 인명 피해가 증가하고 있어요. 최근 10년간(2012~2021) 기후 변화와 연관된 자연재해로 인한 경제적 손실은 3조 7,000억 원, 복구 비용은 손실 비용의 2~3배에 달한다고 해요. 기후 변화에 관심을 가지고 적극적으로 대응해야 할 시점이에요.

 기사 더 알아보기

1. 기사의 내용을 확인해 보세요.

우리나라에서 발생하는 자연재해에는 ☐☐, ☐☐, ☐☐, ☐☐, ☐☐, ☐☐, ☐☐, ☐☐ 등이 있어요.

2. 맞으면 O, 틀리면 X 하세요.

- 경상북도가 최근 10년간 자연재해의 피해가 가장 컸던 이유는 산불 때문이에요. ☐
- 최근 10년간 가장 많은 인명 피해가 발생한 자연재해는 폭우예요. ☐
- 기후 변화로 발생한 자연재해로 인한 경제적 피해는 점점 늘어나는 추세예요. ☐

3. 깊이 탐구해 보세요.

- 우리나라는 전 세계 평균보다 더 빠른 온난화 속도를 보이고 있어요. 기후 변화와 함께 강도와 빈도가 높아지고 있는 자연재해에는 무엇이 있나요?

_____

_____

- 지난 10년 간 자연재해로 인한 인명 피해가 큰 시도 순으로 자료를 정리해 보세요.

순위	시·도	사망·실종자수(명)
1위		
2위		
3위		

어휘 알아보기

최다 : 수나 양이 가장 많은 것을 의미해요.
경로 : 지나는 길을 뜻해요.
인명 피해 : 사고나 자연재해로 사람이 목숨을 잃거나 다치는 피해를 뜻해요.
호우 : 집중적으로 크고 많은 비가 내리는 것을 의미해요.
빈도 : 같은 현상이나 일이 반복되는 횟수를 뜻해요.

연계 교과 과정 | 5학년 1학기   1. 국토와 우리 생활

쌀밥 없이 살 수 있을까?

신문 읽기 전, 지식 챙기기

우리나라는 온대 기후에 속해요. 사계절이 뚜렷하고 계절별로 기온과 강수량의 차이가 커요. 여름에는 남동쪽에서 뜨겁고 습한 바람이 불어와 덥고 비가 많이 오며 겨울에는 북서쪽에서 차갑고 건조한 바람이 불어와 춥고 눈이 내려요. 반면 봄과 가을에는 따뜻하고 선선한 날씨예요.

사계절이 뚜렷한 온대 기후인 우리나라도 지구 온난화 영향으로 아열대 기후로 변하고 있어 기후 위기에서 자유롭지 못한 상황이에요. 우리가 매일 먹는 밥맛도 달라질 수 있다는 우려가 나오고 있어요.

우리나라 등 동북아 지역에서 재배하는 쌀은 자포니카종이지만 동남아 지역에서는 인디카종을 재배하고 있어요. 이 둘 모두 쌀이지만 생김새와 맛의 차이가 커요. 자포니카종은 찰기가 있고 모양이 둥글며 특유의 단맛이 나는 게 특징이지만 인디카종은 찰기와 점성이 없고 길쭉한 모양이에요. 그런데 기후 변화로 온대 기후인 우리나라가 아열대 기후가 되면 자포니카종의 재배가 어려울 수 있다고 해요. 식습관의 서구화로 밀가루 음식을 찾는 이들이 늘어나면서 쌀 소비는 점점 줄어드는데, 여기에 기후 변화까지 더해지면 미래에 우리나라 쌀을 보기 힘들어질 수도 있어요.

김치의 주재료인 배추도 여름 재배가 어려워질지 몰라요. 배추는 선선한 날씨에서 자라는 작물이라 여름철에는 고랭지에서 재배해요. 그런데 여름철 기온이 상승하면 배추가 잘 자라지 않고 병해충 피해가 급증하게 되지요. 지구 온난화로 기온이 계속 상승한다면 21세기 후반에는 고랭지 배추 재배가 불가능해질 것으로 예측돼요.

또한 현재 추세대로 기온이 상승한다면 사과, 배, 포도, 복숭아, 단감 등을 기르기에 적합한 지역은 점차 북상하다가 21세기 후반부터 급감할 것으로 전망돼요. 그 대신 열대 과일 재배지가 확대될 것으로 보여요. 농촌진흥청에 따르면 우리나라에선 지금도 망고, 패션푸르트, 바나나 등 열대과일이 재배되고 있어요. 망고, 파파야,

용과, 올리브의 재배 면적은 꾸준히 증가하는 추세예요.

기사 더 알아보기

1. 기사의 내용을 확인해 보세요.
지구 온난화의 영향으로 온대 기후인 우리나라의 기후가 ☐☐☐ 기후로 변하고 있어요.

2. 맞으면 O, 틀리면 X 하세요.
- 우리나라에서 재배하는 쌀은 찰기가 있고 모양이 둥근 인디카종이에요. ☐
- 기후 변화로 인해 미래에는 고랭지 배추 재배가 어려워질 수 있어요. ☐
- 기온이 계속 상승할 경우 우리나라에서 열대 과일 재배는 꾸준히 감소할 거예요. ☐

3. 깊이 탐구해 보세요.
- 위의 신문 기사를 바탕으로 하여 두 종류의 쌀을 비교해 보세요.

	인디카종	자포니카종
재배 지역		
모양		
찰기		

어휘 알아보기

아열대 기후 : 월 평균 기온이 10℃ 이상인 달이 한 해에 8개월 이상이고, 가장 추운 달 평균 기온이 18℃ 이하인 기후를 말해요.
찰기 : 곡식이나 그것으로 만든 음식 등의 끈기 있는 성질을 말해요.
점성 : 차지고 끈끈한 성질을 뜻해요.
고랭지 : 저위도에 위치하며 표고(해수면이나 어떤 지점을 기준으로 수직으로 잰 지대의 높이)가 600미터 이상으로 높고 춥고 차가운 곳을 말해요.
북상 : 북쪽으로 올라가는 것을 뜻해요.

연계 교과 과정 | 6학년 2학기   1. 세계의 여러 나라들

카카오의 나라, 코트디부아르를 아시나요?

신문 읽기 전, 지식 챙기기

계속되는 환경 오염으로 인해 지구는 몸살을 앓고 있어요. 화석 연료 사용과 삼림 파괴 등으로 이산화탄소가 증가하여 지구의 온도가 상승하면서 전 세계 여러 나라에 이상 기후가 나타나고 있지요. 엄청난 폭우와 가뭄, 한파와 폭염 등 기온이나 강수량이 정상적인 상태를 벗어나는 상황이 지속되며 전 세계 곳곳에 큰 변화가 찾아오고 있어요.

매년 2월 14일은 밸런타인데이라고 불리며 좋아하는 친구나 연인에게 초콜릿을 선물하는 날이에요. 상대방에게 달콤한 초콜릿을 건네며 고마운 마음과 사랑을 함께 전할 수 있지요. 하지만 앞으로 밸런타인데이에 초콜릿 대신 다른 선물로 마음을 전해야 할지도 몰라요. 초콜릿을 만드는 데 꼭 필요한 주재료인 카카오 열매의 생산이 최근 들어 급감했기 때문이에요.

카카오 열매의 주산지는 아프리카 대륙에 있는 코트디부아르라는 나라예요. 전 세계 카카오 생산량의 약 40%가 코트디부아르에서 생산되고 있지요. 카카오는 열대 기후에서 자라는 식물인데, 코트디부아르가 바로 카카오 생산에 적합한 열대 기후를 띠고 있기 때문이에요.

카카오를 가공해 코코아로 만들어 전 세계 식품 업계에 수출을 이어 나가던 코트디부아르의 코코아 가공 공장들은 최근 들어 커다란 위기를 겪고 있어요. 가격이 급

격히 오른 카카오 열매를 구입할 여력이 없어 가공을 중단하거나 축소하고 있는데, 이는 바로 기후 이변으로 인한 코트디부아르의 카카오 열매 생산량 감소 때문인 것으로 밝혀졌어요.

지난해 코트디부아르가 속한 서아프리카 지역의 여름 강수량은 지난 30년간의 강수량 평균치의 두 배를 넘겼어요. 이로 인해 열매에 곰팡이가 생겨서 식물 전염병인 '검은 꼬투리병'이 퍼졌고, 겨울에는 엘니뇨 현상으로 인해 평소보다 훨씬 덥고 건조한 날씨가 이어져 많은 카카오 나무가 시들어 버렸어요. 그 결과 카카오의 수확량이 크게 감소한 것이지요.

국제코코아기구(ICCO)는 2023년과 2024년의 전 세계 코코아 생산량이 전년도에 비해 10% 감소할 것으로 예상하고 있어요. 심지어 내년에는 엘니뇨 현상이 더 심해질 것으로 보여서 카카오 공급 부족 현상은 3년이나 더 이어질 것으로 예상된다고 해요. 이러한 이유로 2023년 초부터 국제 코코아 가격은 꾸준히 상승 중이며, 초콜릿이 함유된 제품들의 가격 인상도 불가피한 상황이에요. 앞으로도 계속 초콜릿을 먹고 싶다면 기후 이변을 만드는 환경 오염을 막기 위해 노력해야 해요.

기사 더 알아보기

1. 기사의 내용을 확인해 보세요.

코트디부아르는 카카오를 생산하기 적합한 ☐☐ ☐☐ 를 띠고 있어요.

2. 맞으면 O, 틀리면 X 하세요.

- 전 세계 카카오 열매 생산량의 40%가 코트디부아르에서 생산되고 있어요. ☐
- 코트디부아르의 코코아 가공 공장들은 가격이 급격히 오른 카카오 열매를 구입할 여력이 없어 가공을 중단하거나 축소하고 있어요. ☐
- 엘니뇨 현상이 발생하면 날씨가 더워지고 비가 매우 많이 내려요. ☐

3. 깊이 탐구해 보세요.

- 서아프리카에 위치한 코트디부아르가 카카오 열매 주산지가 될 수 있었던 이유와 최근 들어 카카오 생산량이 감소한 이유를 찾아 정리해 보세요.

- 코트디부아르 외에도 이상 기후로 인해 피해를 입은 국가의 사례를 찾아보세요.

 어휘 알아보기

급감 : 갑자기 줄어드는 것을 뜻해요.
주산지 : 어떤 물건이나 산물이 주로 생산되는 지역을 말해요.
가공 : 원자재를 인공적으로 처리해 새로운 제품으로 만드는 것을 말해요.
여력 : 어떠한 일을 하고도 아직 남아 있는 힘을 뜻해요.
엘니뇨 : 남아메리카 열대 지방의 서해안을 따라 흐르는 해류에 몇 년에 한 번씩 유난히 따듯한 이상 난류가 흘러드는 현상을 말해요.
수확량 : 농작물을 거두어들인 양을 말해요.
함유 : 물질이 어떤 성분을 포함하고 있는 것을 뜻해요.
불가피 : 피할 수 없다는 뜻이에요.

연계 교과 과정 | 4학년 1학기   3. 지역의 공공 기관과 주민 참여

골목 상권 살리기 프로젝트

신문 읽기 전, 지식 챙기기

서민 경제란 경제적인 부를 크게 누리지 못하는 일반적인 사람들의 모든 경제 활동을 말하고 지역 경제란 어느 지역에서 일어나는 모든 경제 활동을 말해요. 많은 방문객들이 골목 상권에 와 소비를 하면 서민 경제가 회복되고 지역의 경제도 살아날 수 있어요.

　골목 상권이란 주택가의 골목 따위에 위치한 작은 슈퍼마켓이나 재래시장의 상점 등을 말하는데요. 대형 마켓이나 백화점이 들어서면서 골목 상권은 어려움에 처하고 있어요. 이에 골목의 상인들은 다른 상인들과 힘을 합쳐 방문객들을 끌어들일 수 있도록 다양한 도전을 하고 있는데요. 그 결과로 서울의 '힙지로, 경리단길, 만리단길' 등과 같은 개성 있는 골목 상권이 탄생하기도 했지요.

　이에 자극을 받아 많은 지역에서는 골목 상권들을 살리기 위해 상인들은 물론, 정부와 각 시도에서도 함께 도와가며 노력하고 있는데요. 광주광역시 동구가 지역 대표 상권의 하나인 '대인동 음식 문화 거리, 예술담길 프로젝트' 조성 사업을 마무리했어요. 예술담길 프로젝트는 2021년 행정안전부가 주관한 '골목 경제 회복 지원 사업'에 선정되어 예산 8억을 투입해 진행한 사업이에요. 침체된 골목 상권을 다시 일으킴으로써 서민 경제를 회복하고 지역 경제를 활성화하는 데 목표를 두고 진행되었답니다.

　이번 사업의 내용은 크게 세 가지로 나뉘어요. 먼저 방문객들이 와서 직접 체험하고 소비할 수 있도록 상인들의 교육을 강화하거나 골목의 지도를 제작하는 등 알찬 콘텐츠를 발굴해요. 그리고 안심 보행로를 조성하거나 화재 예방 시스템을 구축하는 등 오래된 골목의 시설을 새롭게 고쳐 안전하고 밝은 환경을 만들어요. 마지막으로 거리에 벽화나 미술관, 디자인 테마를 조성하거나 콘서트 등을 개최하여 '예술담길'이라는 이름에 걸맞게 골목과 예술을 결합한 예술담길만의 고유한 문화를 만들

어 나가요.

　지난 3년간 진행해 온 예술담길 프로젝트를 통해 지역 소상공인들이 차별화된 경쟁력을 갖출 수 있기를 바라며, 대인동 예술담길이 많은 사람들이 찾는 동구의 대표 골목으로 자리잡길 응원해요.

기사 더 알아보기

1. 기사의 내용을 확인해 보세요.
광주광역시 동구가 추진하는 '예술담길 프로젝트'는 침체된 ☐☐ ☐☐ 을 다시 일으켜 서민 경제를 회복하고 지역경제를 활성화하는 데 도움이 될 것으로 보여요.

2. 맞으면 O, 틀리면 X 하세요.
- 광주광역시 동구가 추진한 '예술담길 프로젝트'는 정부의 행정안정부가 주관한 골목 상권 회복 지원 사업으로 진행되었어요. ☐
- 예술담길 프로젝트로 광주광역시 동구는 골목의 사람이 찾지 않는 상가들을 모두 없애고 대형 마트와 백화점 등을 세웠어요. ☐
- 예술담길 프로젝트를 통해 서민 경제를 회복하고 더불어 지역 경제가 활성화되길 기대하고 있어요. ☐

3. 깊이 탐구해 보세요.
- '예술담길 프로젝트'의 구체적인 방법을 3가지로 분류하여 정리해 보세요.

① _____

② _____

③ _____

- '예술담길 프로젝트'와 같이 각 지역에서 골목 상권을 살리기 위해 어떤 노력을 기울이고 있는지 사례를 조사해 보세요.

- 내가 가고 싶은 골목 상권의 모습을 상상해 보고 내가 상인이라면 골목을 어떻게 바꿀지 아이디어를 써 보세요.

어휘 알아보기

조성 : 무엇을 만들어서 이룸을 뜻해요

경제 : 사람이 생활하며 필요로 하는 물건이나 서비스를 만들고 나누고 쓰는 것과 관련된 모든 활동을 뜻해요.

침체 : 앞으로 나아가지 못하고 제자리에 머무름을 뜻해요.

구축 : 체제나 체계의 기초를 닦아 세움을 뜻해요

소상공인 : 작은 규모로 상업 또는 공업을 하는 사업자를 뜻해요.

연계 교과 과정 | 5학년 1학기   2. 인권 존중과 정의로운 사회

대형 마트와 전통 시장, 상생할 수는 없을까?

신문 읽기 전, 지식 챙기기

2012년 '유통산업발전법'으로 각 시도에서는 대형 마트의 영업을 자정부터 오전 10시까지로 제한하고 의무적으로 매월 2회 일요일을 휴업일로 지정할 수 있었어요. 이는 대형 마트로부터 골목 상권을 지키고 상생하기 위한 의도였지요. 그런데 2024년 정부는 '대형 마트 의무 휴업' 정책의 폐지를 추진 중이에요.

정부는 현재 공휴일로 지정된 대형 마트의 월 2회 의무 휴업 규제를 폐지하고 평일 휴업이 가능하게 하는 정책을 추진하고 있어요. 의무 휴업일 규제가 생긴 지 약 12년 만에 대형 마트에게 가해지는 규제가 풀린 셈이지요. 이러한 '대형 마트 의무 휴업'이 평일로 바뀜에 따라 대형 마트와 골목 상권의 희비가 엇갈리고 있어요.

먼저 대형 마트 업계에서는 의무 휴업일을 평일로 변경하는 정책을 반기는 분위기예요. 대형 마트의 매출은 평일보다 휴일에 작게는 50%, 많게는 2배 높다고 해요. 그렇기에 대형 마트 측에서는 다시 일요일에 영업을 하면 매출과 이익이 큰 폭으로 증가할 것으로 예상하고 있어요.

하지만 골목 상권과 전통 시장 측에서는 답답함을 감추지 못하고 있어요. 그동안 대형 마트가 문을 닫는 주말에 손님들이 시장을 많이 찾았는데요. 대형 마트 의무 휴업일이 평일로 바뀌면 주말 손님들이 다시 대형 마트를 찾게 되면서 전통 시장이나 골목 상권에 큰 피해가 갈 것으로 우려하고 있기 때문이에요. 특히나 대기업들이 운영하는 대형 마트에 비해 시장 상인들은 영세한 자영업자들이 대부분이라서 정부의 이번 결정이 당장 상인들의 생계에는 큰 위협이 돼요. 그동안 대형 마트로부터 상인들을 보호하는 역할을 했던 대형 마트 의무 휴업이라는 보호막이 사라지는 셈이니까요.

한편, 많은 소비자들은 대형 마트의 공휴일 의무 휴업 폐지를 바라고 있다는 설문 조사 결과가 있었어요. 최근 한국경제인협회가 성인남녀 1,000명을 대상으로 진행한 설문에서 전체 응답자의 76%가 "대형 마트 규제를 폐지하거나 완화해야 한다"라고 답했다고 해요.

이번 대형 마트 의무 휴업 규제를 모두가 만족할 만한 방향으로 개선하는 데는 앞으로도 넘어야 할 산이 많은 것으로 보여져요.

기사 더 알아보기

1. 기사의 내용을 확인해 보세요.

대형 마트와 골목 상권이 상생하기 위한 정책이었던 ☐☐ ☐☐ ☐☐ ☐☐ 정책이 폐지됨에 따라 대형 마트와 골목 상권의 희비가 엇갈리고 있어요.

2. 맞으면 O, 틀리면 X 하세요.

- 대형 마트 의무 휴업 정책은 대형 마트를 월 2회 일요일에 의무적으로 휴업하도록 함에 따라 시장 상인들을 보호하기 위해 만들어졌어요. ☐
- 대형 마트 의무 휴업 폐지를 대형 마트 측에서는 반대하고 있으며 시장 상인들은 반기고 있어요. ☐
- 설문 조사 결과에 따르면 공휴일 의무 휴업 폐지를 바라는 소비자들이 많은 편이에요. ☐

3. 깊이 탐구해 보세요.

- 대형 마트 의무 휴업 폐지의 장점과 단점을 찾아보고 정리해 보세요.

장점	단점

- 대형 마트와 골목 상권이 모두 상생할 수 있는 방법은 무엇이 있을까요? 나만의 법안을 만들어 제안해 보세요.

___

___

 어휘 알아보기

의무 휴업 : 특정 업종의 영업이나 작업 등을 의무적으로 얼마 동안 쉬게 하는 일을 뜻해요.
규제 : 규칙을 정하여 일정한 한도를 정하거나 정한 한도를 넘지 못하게 막는 것을 뜻해요.
영세 : 사업 규모가 크지 않고 살림이 변변하지 못한 상태를 뜻해요.

연계 교과 과정 | 4학년 1학기   3. 지역의 공공 기관과 주민 참여

종이가 없어도 문제없어요

신문 읽기 전, 지식 챙기기

재생 에너지는 석유 화학 연료를 대체하는 태양열, 태양광, 바이오, 풍력, 수력, 지열 등에서 발생하는 에너지를 말해요. 재생 에너지는 온실가스를 거의 배출하지 않고, 무한히 사용할 수 있는 에너지예요. 덕분에 환경도 지키고 자원 고갈에의 어려움도 줄일 수 있답니다.

기후 위기가 심각해지면서 탄소 중립에 대한 관심이 높아지고 있는데요. 경기도 산하 기관인 '경기도경제과학진흥원(이하 경과원)'에서는 탄소 배출을 줄이기 위해 종이 없는 행정을 올해부터 시작했다고 해요.

경기도는 '오늘의 기후 위기를 내일의 성장 기회로 만든다'는 슬로건을 걸고 탄소 중립을 위한 '경기 RE100 정책'을 추진 중인데요. 경과원이 도내 공공기관에서 처음으로 이 정책을 시행했어요.

여기에서 RE100은 '재생 에너지(Renewable Electricity) 100%'의 약자예요. 기업이 사용하는 전력량의 100%를 2050년까지 재생 에너지 전력으로 채우겠다는 목표의 국제 캠페인이랍니다. 2014년 영국의 '더 클라이밋 그룹(The Climate Group)'이라는 단체에서 시작되었으며 정부가 강제한 것이 아닌 글로벌 기업들의 자발적인 참여로 진행되는 캠페인이라는 점에서 의미가 깊어요.

경과원은 '경기 RE100'의 실천 사항으로 종이 없는 행정을 시작했어요. 지난해부터 종이 사용을 줄이기 시작했으며 이달부터는 영수증 처리까지 디지털화했어요. 또한 회의나 업무를 보고해야 할 때는 종이 서류 대신 태블릿 PC를 사용한다고 해요. 덕분에 업무 처리 기간도 절반으로 줄어드는 등 업무의 효율성도 높아질 것으로 기대한답니다.

경과원은 이번 종이 없는 행정의 도입으로 종이를 구매하는 데 들었던 2억 원의 예산을 절감할 수 있게 되었는데요. 이를 종이로 따지면 한 해 A4용지 80만 장, 약

2.3톤의 탄소 배출을 줄이는 효과를 거둘 수 있어요. 경과원은 이외에도 현수막 설치 대신 디지털 전광판을 설치하고 일회용품 제로(zero)화도 함께 추진하는 등 탄소 중립 관련 정책을 이어 나가고 있어요.

이처럼 기후 위기에 따른 탄소 중립 정책을 실현 중인 경과원의 사례가 다른 공공 기관에도 좋은 영향력을 끼칠 수 있기를 바라요.

기사 더 알아보기

1. 기사의 내용을 확인해 보세요.

기후 위기가 심각해지면서 경기도는 탄소 중립을 위한 경기 ☐☐☐☐ 정책을 추진 중인데요. 이에 경기도경제과학진흥원은 ☐☐ 없는 행정을 처음 시행했어요.

2. 맞으면 O, 틀리면 X 하세요.

- '경기 RE100 정책'의 모델인 RE100은 재생 에너지를 석유 화학 연료로 대체하겠다는 목표의 국제 캠페인이에요. ☐
- 경기도경제과학진흥원에서 실시한 종이 없는 행정의 도입으로 종이를 구매하는 예산을 절감하고 탄소 배출량도 줄일 수 있었어요. ☐
- 종이 없는 행정으로 인해 업무의 효율성이 급격히 떨어져요. ☐

3. 깊이 탐구해 보세요.

- RE100의 정의와 사례 등을 더 조사해 보세요.

_____

_____

- 종이 없는 행정의 장단점을 정리해 보세요.

- 기후 위기의 문제가 날로 심각해지고 있어요. 탄소 중립을 위해 내가 실천할 수 있는 일을 생각해서 써 보세요.

 어휘 알아보기

기후 위기 : 지구 온난화처럼 지구의 평균 기온이 점차 상승하면서 전지구적 기후 패턴이 급격하게 변화하는 현상이나 이러한 변화로 인한 위기를 뜻해요.
탄소 중립 : 탄소 배출량을 줄이고 대기 중으로 배출되는 탄소를 제거·흡수해 탄소의 순 배출량을 '0'으로 만드는 것을 뜻해요.
산하 기관 : 어떤 기관에 딸린 단체를 뜻해요.

연계 교과 과정 | 6학년 2학기   2. 통일 한국의 미래와 지구촌의 평화

멀어지는 통일?
남북 관계에 적신호가 떴다!

신문 읽기 전, 지식 챙기기

대한민국 헌법 제4조의 조항은 '대한민국은 통일을 지향하며, 자유민주적 기본질서에 입각한 평화적 통일정책을 수립하고 이를 추진한다'예요. 이처럼 대한민국은 통일을 지향하며, 자유민주적 기본 질서를 바탕으로 평화적인 통일 정책을 세워 이를 추진한다는 뜻을 이어나가야 해요.

6·25 전쟁 이후 지금까지 남북의 관계는 평화롭기도 하고 위태롭기도 했어요. 6·25 직후에는 남한과 북한 모두 상대방을 인정하지 않고 적대적인 관계를 형성해 왔어요. 그러다 1970년대 이후 남한과 북한은 서서히 서로를 대화의 상대로 인식하고 조금씩 문을 열기 시작했답니다.

이산가족을 찾기 위한 남북 회담을 열기도 하고 양측의 예술 공연단이 서로 교환하여 방문하기도 했으며 탁구와 축구에서 단일팀을 구성하여 국제 대회에 참가하기도 했어요. 그리고 2000년 한국의 김대중 전 대통령, 2018년 문재인 전 대통령은 각각 북한의 김정일 국방위원장, 김정은 국무위원장과 만나 통일을 위한 회담을 가지고 공동 선언을 하기도 했지요.

이처럼 평화로운 분위기가 이어지던 남북 관계에 적신호가 떴어요. 통일을 상징하는 '조국 통일 3대 헌장 기념탑'이 철거됐기 때문인데요. 위성사진을 통해 촬영된 평양의 모습에서 조국 통일 3대 헌장 기념탑이 사라진 것이 포착되었다고 해요.

이는 김정은 북한 국무위원장의 지시에 따른 것이라고 하는데요. 김정은 국무위원장은 최근 한 연설에서 대한민국을 제1의 적대국, 불변의 주적이라고 선언했어요. 또한 통일, 화해, 동족이라는 개념 자체를 완전히 지워야 한다고 말하고 조국 통일 3대 헌장 기념탑을 꼴불견이라고 말하는 등 철거 계획을 밝히기도 했답니다.

이 기념탑은 김정은 국무위원장의 아버지인 김정일 국방위원장이 지난 2001년 북

한의 수도 평양의 통일거리 입구에 건설한 탑이에요. 김정일 국무위원장이 그의 아버지인 김일성 주석이 전하는 통일의 메시지를 기억하기 위해 이 탑을 세웠는데요. 통일의 염원을 담은 조국 통일 3대 헌장 기념탑이 무너지듯, 그동안 쌓아 왔던 남북 관계의 기본 틀이 무너지는 것이 아닌가 하는 우려의 목소리가 나오고 있어요.

기사 더 알아보기

1. 기사의 내용을 확인해 보세요.

남북통일의 메시지를 담고 있는 ☐☐ ☐☐ ☐☐ ☐☐ ☐☐☐ 이 철거된 것으로 나타났어요. 이는 남북 관계의 적신호로 해석되고 있어요.

2. 맞으면 O, 틀리면 X 하세요.

- 김정은 북한 국무위원장의 지시로 조국 통일 3대 헌장 기념탑이 철거되었어요. ☐
- 조국 통일 3대 헌장 기념탑은 남북통일의 메시지를 담고 있어요. ☐
- 조국 통일 3대 헌장 기념탑 철거 이후 남북 관계는 더 개선되었어요. ☐

3. 깊이 탐구해 보세요.

- 남북이 통일된 모습을 상상해 보고 통일 후의 장점과 단점을 써 보세요.

남북 통일의 장점	남북 통일의 단점

- 통일에 대한 나의 의견을 써 보세요.

어휘 알아보기

회담 : 어떤 문제를 가지고 거기에 관련된 사람들이 한자리에 모여서 토의하는 것을 말해요.
적신호 : 위험한 상태에 있음을 알려주는 조짐을 비유적으로 이르는 말이에요.
철거 : 건물, 시설 등을 무너뜨려 없애거나 치움을 뜻해요.
염원 : 마음에 간절히 생각하고 기원함을 뜻해요.

연계 교과 과정 | 6학년 1학기 2. 우리나라의 경제 발전

이젠 유모차보다 개모차!

신문 읽기 전, 지식 챙기기

반려동물을 키우는 인구가 해마다 늘어나고 있어요. 반려동물 인구 증가의 배경에는 저출산, 고령화, 1인 가구 및 핵가족 증가가 가장 큰 비중을 차지합니다. 이에 따라 반려동물에 대한 인식이 단순히 집에서 키우는 동물이 아닌 하나의 생명체이자 함께 사는 가족, 공동체로 바뀌고 있어요.

1인 가구 증가와 더불어 반려동물 시장이 급속도로 성장하고 있어요. 반려동물을 가족처럼 여기는 '펫팸족(pet+family)'이 많아지면서 반려동물 1,000만 시대가 열렸어요. 최근 업계에 따르면 2023년에 '개모차'라 불리는 반려동물용 유모차 판매량이 처음으로 유아용 유모차 판매량을 추월했다고 해요. 유아용 유모차 판매가 43%인 반면 반려동물용 유모차 판매량은 57%에 달한 것이죠.

이에 따라 반려동물 시장은 더욱 거대해졌으며 전문화되고 세분화되었어요. 기존에는 사료비, 의료비 중심이었다면 최근에는 식품만 해도 영양제, 건강 기능 식품, 펫 우유, 펫 아이스크림, 멍소주, 멍맥주, 멍마카세 등 종류와 형태가 진화되었어요. 패션은 패딩, 우비, 코트부터 시작해 신발, 구명조끼까지 사람의 옷과 다르지 않아요. 소비의 영역이 넓어지면서 반려동물을 위한 월평균 지출 규모는 자연스레 커졌는데요. 한 조사에 따르면 지난해 기준 월평균 약 18만 원 정도로 반려동물 관련 소비가 2년 전보다 17% 증가했다고 해요.

또한, 반려동물을 가족이라고 받아들이는 경향이 강해지면서 소비의 규모는 점점 더 커지고 있어요. 반려동물을 집에 혼자 두기보다 유치원, 호텔에 맡기는 시대로 바뀐 지도 오래이지요. 또한 '댕냥이(강아지와 고양이)'의 문화가 사람으로 환산된다는

점도 주목해야 해요. 예를 들어 반려견을 동반할 수 있는 영화관은 성인 2명과 반려견 1마리 기준으로 주말 입장료가 4만 원이며, 반려동물 동반이 가능한 S호텔 일부 객실의 주중 이용 금액은 같은 일반 객실보다 36% 비싸다고 해요.

반려동물 시장의 규모가 점차 커지고 있어요. 그만큼 유통 업체들 역시 소비자들의 마음을 사로잡을 수 있는 다양한 반려동물 용품 개발에 박차를 가할 것으로 보여져요.

기사 더 알아보기

1. 기사의 내용을 확인해 보세요.
1인 가구 증가와 더불어 반려동물을 가족처럼 여기는 ☐☐☐ 이 많아지면서 반려동물 관련 물품을 파는 유통 시장도 성장했어요.

2. 맞으면 O, 틀리면 X 하세요.
- 반려동물 시장이 점점 성장하는 데는 저출산, 고령화 등에 따른 1인 가구의 증가가 원인으로 작용했어요. ☐
- 지난해 유아용 유모차 판매가 반려동물용 유모차 판매량을 앞섰어요. ☐
- 현재 반려동물 시장은 여전히 사료비와 의료비 중심에 머물러 있어요. ☐

3. 깊이 탐구해 보세요.
- 반려동물과 관련된 시장 또는 산업을 의미하는 펫코노미 열풍이 거센데요. 다양하고 이색적인 펫코노미의 사례를 조사해 보세요.

_____

_____

- 늘어나고 있는 펫팸족의 이야기를 했는데요. 이러한 현상의 문제점은 없는지 생각해 보세요.

_____

_____

- 펫팸족을 위한 아이디어 상품을 개발해 보세요.

_____

_____

어휘 알아보기

영역 : 활동이나 효과, 기능 등이 미치는 일정한 범위를 말해요.
규모 : 어느 사물이나 현상의 크기와 범위를 말해요.
유통 : 상품 등이 생산자에서 소비자에게 도달하기까지 여러 단계에서 교환되고 분배되는 활동을 뜻해요.
개발 : 새로운 생각이나 물건을 만들어내는 걸 뜻해요.

연계 교과 과정 | 6학년 2학기   2. 통일 한국의 미래와 지구촌의 평화

바다에서 벌어지는 소리 없는 전쟁

 신문 읽기 전, 지식 챙기기

국가 간 영토 분쟁이 일어나는 이유로는 국경이 정확하지 않아서, 군사적으로 중요한 지역을 차지하기 위해서, 역사와 민족·종교가 충돌해서, 자원을 차지하기 위해서 등이 있어요. 현재 아시아에서는 중국과 일본 간의 센카쿠 제도 분쟁, 러시아와 일본 간의 쿠릴 제도 분쟁, 인도와 중국 간의 국경 분쟁 등의 영토 분쟁이 일어나고 있어요.

중국과 일본, 중국과 필리핀의 해상 영유권 분쟁이 계속되고 있어요. 중국 해경은 지난 1월 센카쿠 열도(중국명 댜오위다오)에 있던 일본의 어선과 순시선들이 불법으로 중국 댜오위다오 영해에 진입했다며 경고한 후 퇴거시켰어요.

센카쿠 열도는 대만과 류큐 열도 사이에 있는 다섯 개의 무인도와 세 개의 암초로 구성된 제도로, 사람이 살고 있지는 않아요. 실제로는 일본이 지배하고 있지만 중국, 대만, 일본이 서로 자국의 영유권을 주장하며 영토 분쟁이 일어나는 곳이에요.

같은 달 중국은 남중국해에서도 선박 운항 문제로 필리핀과 충돌했어요. 중국 황옌다오(스카버러 암초,黃岩島) 인근 해역을 필리핀 해경 선박이 여러 차례 불법 침범했다며 필리핀 선박을 통제하고 강제 퇴거 조치했어요. 필리핀은 중국이 자국 선박을 강제 퇴거시키는 과정에서 위험한 행동을 했다며 해상 충돌 방지에 관한 국제 규정을 무시했다고 비판했어요.

현재 중국은 남중국해의 약 90%가 자국 영해라고 주장하고 있어요. 이 주장에 반대하는 필리핀은 소송을 제기했고 국제상설중재재판소는 중국의 주장이 국제법상 근거가 없다고 판결했어요. 하지만 중국은 판결을 무시하고 필리핀, 베트남 등 인근 국가들과 영유권 분쟁을 계속 일으키고 있어요. 지구촌의 평화를 위해 중국과 일본, 중국과 필리핀의 영유권 분쟁이 하루빨리 해결되길 바라요.

기사 더 알아보기

1. 기사의 내용을 확인해 보세요.

일정 영토의 주권을 두고 벌어지는 국가 사이의 분쟁을 ☐☐ ☐☐ 이라고 해요.

2. 맞으면 O, 틀리면 X 하세요.

- 육지에서뿐만 아니라 바다를 둘러싼 영토 분쟁이 있어요. ☐
- 중국은 현재 일본과 영유권 분쟁 중이에요. ☐
- 중국은 국제상설재판소는 지난 2016년에 판결한 결과를 따르고 있어요. ☐

3. 깊이 탐구해 보세요.

- 일본과 중국 사이에서 영유권 분쟁이 일어나는 원인은 무엇일지 아래의 내용을 참고하여 써 보세요.

> 센카쿠 열도는 1895년 청일전쟁에서 승리한 일본이 시모노세키 조약으로 요동반도, 타이완과 함께 자국 영토로 편입시켰고, 현재 일본 오키나와현 이시가키시 소속으로 일본이 실효적 지배를 하고 있어요. 이 섬들은 사람이 거주하기 어려운 환경이지만, 인근 바다에는 어업 자원이 풍부하고 막대한 양의 석유와 천연가스가 매장돼 있어 이 지역의 예상되는 경제적 이익이 많아요. 또 이 지역은 중동으로부터 동아시아 나라들에 이르는 석유 수송로의 주요 길목이기도 해요.
>
> *실효적 지배 : 특정 지역이나 영토에 통제 및 관리 권한을 가지고, 실제로 통치하고 있는 것이에요.

- 아시아에는 영토 분쟁을 겪고 있는 나라들이 더 있어요. 이들 나라가 겪고 있는 분쟁의 원인이 무엇인지 조사해 보고 그중 한 가지 사례를 써 보세요.

 어휘 알아보기

영유권: 일정 지역을 해당 국가가 영토로 다스릴 수 있는 권한을 말해요.
분쟁: 서로 시끄럽고 복잡하게 다툰다는 뜻이에요.
순시선: 해상의 안전과 치안의 확보 등을 하기 위해 바다를 돌아다니며 살피는 배를 말해요.
영해: 한 나라의 주권이 미치는 바다를 말해요.
퇴거: 있던 자리에서 옮겨 가거나 떠나는 것, 살고 있는 곳을 딴 곳으로 옮기는 것을 뜻해요.
영토 분쟁: 일정 영토의 주권을 두고 벌어지는 국가 사이의 분쟁을 말해요.
운항: 배나 항공기 등이 정해진 노선을 다니는 것을 말해요.

연계 교과 과정 | 5학년 2학기   1. 옛 사람들의 삶과 문화

'문화재'가 '국가 유산'으로 이름이 바뀌어요!

신문 읽기 전, 지식 챙기기

문화재청은 우리나라의 소중한 문화유산을 지키고 사람들이 우리의 문화재에 꾸준한 관심을 가질 수 있도록 많은 노력을 해 오고 있어요. 그중 하나로, 매년 12월 9일을 '국가유산의 날'로 정해 우리나라의 유산의 소중함을 일깨울 수 있도록 했어요.

문화적인 활동에 의해 만들어져 가치가 뛰어나다고 인정받은 사물을 '문화재'라고 불러요. 그런데 1962년에 우리나라의 문화재를 보존해 민족 문화를 계승할 수 있도록 돕는 법인 '문화재보호법'이 처음 제정된 이후로 지난 60여 년간 사용해온 '문화재'라는 명칭이 곧 '국가유산(國家遺産)'으로 바뀌게 된다고 해요. 2024년 5월 새로운 법이 시행되면 문화재보호법은 '국가유산기본법'으로, 문화재청은 '국가유산청'으로 일괄 변경되며, 이 법안에는 12월 9일을 국가유산의 날로 지정하는 내용도 포함되었다고 해요.

이미 익숙하게 사용하고 있는 '문화재'라는 명칭을 '국가유산'으로 바꾸는 이유는 무엇일까요? 문화재의 종류로는 유형 문화재, 무형 문화재, 민속 문화재, 천연기념물, 사적 등이 포함되어 있는데요. '문화 활동에 의해서 만들어진 가치가 뛰어난 사물'을 뜻하는 '문화재'라는 말은 재화적 성격이 강해 사람과 자연물을 포함하기에는 무리가 있기 때문이에요. 그래서 과거와 현재, 미래를 아우르는 '유산'으로 개념을 확장하기 위해 명칭을 바꾸는 것이지요.

국가유산이란 명칭은 '인위적 혹은 자연적으로 형성된 국가적·민족적 또는 세계적 유산으로서 역사적·예술적·학술적 또는 경관적 가치가 큰 문화유산, 자연유산, 무형유산'을 의미하는데요. 유네스코와 같은 국제 기준에 부합하도록 국가유산의 분류 체계 또한 문화유산, 자연유산, 무형유산으로 변경한 결과이기도 하지요.

이제는 우리나라의 문화유산을 '문화재'가 아닌 '국가유산'이라 부르고, 더 큰 애정과 관심을 가져보길 바라요.

기사 더 알아보기

1. 기사의 내용을 확인해 보세요.

국가유산은 문화유산, ☐☐☐☐, 무형유산으로 분류돼요.

2. 맞으면 O, 틀리면 X 하세요.
- '문화재'를 '국가유산'으로 바꾸는 법이 통과되었어요. ☐
- 문화재청은 기관의 이름을 바꾸지 않기로 결정했어요. ☐
- '문화재'라는 말은 재화적 성격이 강해요. ☐

3. 깊이 탐구해 보세요.
- 국제 기준에 부합하도록 국가유산의 분류 체계를 문화유산, 자연유산, 무형유산으로 나눈다고 해요. 이 중 하나에 속하는 우리나라의 국가유산을 조사해 보고 아래에 써 보세요.

_____

_____

어휘 알아보기

유산 : 선조들이 남겨 준 가치 있는 문화와 사물을 말해요.
재화 : 사람이 바라는 것을 충족시켜 주는 모든 물건을 재화라고 불러요.
인위적 : 자연의 힘이 아닌 사람의 힘으로 이루어지는 것을 말해요.
학술적 : 학문과 기술에 관한 것을 말해요.
부합 : 사물이나 현상이 서로 꼭 들어맞는다는 뜻이에요.

나는야 초등 뉴스왕
ELEMENTARY NEWS KING
뉴스 읽기 완성

연계 교과 과정 | 5학년 1학기   1. 국토와 우리 생활

세계에서 가장 나이 든 나라

신문 읽기 전, 지식 챙기기

인구는 한 나라 또는 지역에 사는 사람의 수를 말해요. 우리나라는 저출산 현상으로 유소년층의 비율은 감소하고 평균 수명 증가로 노년층 비율은 증가하고 있어요.

2070년 한국은 세계에서 가장 늙은 나라가 될 것이라는 전망이 나왔어요. 저출산 고령화가 심각해져 2070년 한국은 만 65세 이상의 인구 비중이 46.4%에 이를 것으로 보여요. 통계청이 22년 발표한 '세계와 한국의 인구 현황 및 전망'에 따르면 2022년 기준 한국의 고령 인구(만 65세 이상)의 비중은 17.5%에요. 그러나 약 50년 뒤인 2070년에는 고령 인구의 비중이 46.4%가 될 것으로 전망해요. 전체 인구의 절반가량이 노인인 셈이에요.

경제 활동을 할 수 있는 만 15~64세의 인구를 '생산 가능 인구'라고 하는데요. 생산 가능 인구 비중은 2022년 71.0%에서 2070년 46.1%로 2070년에는 고령 인구가 생산 가능 인구보다 많아지게 돼요. 이렇게 되면 생산가능인구가 부양해야 하는 고령 인구가 많아 부담이 커져요.

우리나라의 인구 고령화는 낮아지는 출산율과 관계가 깊어요. 우리나라는 1983년부터 합계출산율 2.1명 미만인 저출산 국가에 속했어요. 2002년부터는 합계출산율 1.3명 미만인 초저출산 국가에 진입했고, 2022년에는 0.78명으로 경제협력개발기구(OECD) 국가 중 최저를 기록했어요. 또한 2024년 합계출산율은 0.68명으로 예상되어 저출산 문제가 점점 심각해지고 있어요. 2022년 기준 5,200만 명인 한국의 인구는 약 50년 후인 2070년에 3,800만 명까지 줄어들게 된다고 해요.

고령화 사회가 되면 노인 부양 문제뿐만 아니라 생산 가능 인구 감소로 국가 경쟁력 또한 감소하고 경제성장률도 줄어들 수밖에 없어요. 최근 한국은행 경제연구원은 저출산 고령화로 우리나라의 2050년 성장률은 0% 이하로 추락할 것이라고 예

측했어요.

　이에 국가 차원에서 저출산 문제에 대응하기 위해 총력을 기울이기로 했어요. 출산·양육·난임 가구 지원 예산을 늘리기로 했고, 신생아를 낳는 가구의 주거 안정을 위해 주택 마련에 필요한 돈을 대출할 때 혜택을 준다고 해요. 일과 육아를 병행할 수 있도록 육아 휴직 기간을 12개월에서 18개월로 연장하고 육아 휴직 중 받을 수 있는 월급의 최고 금액을 기존 월 300만 원에서 450만 원으로 대폭 높이기도 했어요. 또한 자녀의 나이가 만 8세 이하일 경우 육아를 하는 기간 동안 일하는 시간을 줄여 주는 근로 단축 제도를 이용할 수 있었는데, 이 제도를 이용할 수 있는 기준을 8세에서 12세로 확대했어요.

　저출산 문제에 대응하기 위해 많은 대책을 세우고 예산을 사용했지만, 지금까지 성과가 크지 않았다는 지적이 나와요. 일과 육아를 병행할 수 있는 현실적 여건 조성, 보육 문제 해결 등이 우선되어야 한다는 목소리가 높다고 해요.

기사 더 알아보기

1. 기사의 내용을 확인해 보세요.

경제 활동을 할 수 있는 만 15~64세의 인구를 ☐☐ ☐☐ ☐☐ 라고 해요.

2. 맞으면 O, 틀리면 X 하세요.

- 2070년에는 우리나라 인구 중 고령 인구의 비중이 50%를 넘을 것으로 예상해요. ☐
- 저출산 문제에 대응하기 위한 정책으로는 육아 휴직 기간 늘리기, 육아 휴직 수당 높이기, 난임 가구 지원 예산 늘리기 등이 있어요. ☐
- 우리나라는 일과 육아를 병행할 수 있는 현실적인 여건이 마련되어 저출산 대책의 성과가 눈에 보이고 있어요. ☐

3. 깊이 탐구해 보세요.

- 우리 집 어른들은 일과 육아를 병행하는 데 어려움이 없나요? 어려움이 있다면 어떤 어려움이 있나요?

___

___

- 저출산 대책으로 이민자를 받아들이자는 의견도 있어요. 이에 대한 나의 의견을 써 보세요.

___

___

 어휘 알아보기

부양 : 생활 능력이 없는 사람들을 돌보는 것을 의미해요.
출산율 : 아기가 얼마나 태어났는지 나타내는 지표예요.
총력 : 전체의 모든 힘을 말해요.
난임 : 임신하기 어려운 것을 뜻해요.
주거 : 일정한 곳에서 머물러 사는 것 또는 그런 집을 말해요.
대출 : 돈이나 물건을 빌리거나 빌려주는 것을 뜻해요.
병행 : 둘 이상의 일을 한꺼번에 하는 것을 말해요.

연계 교과 과정 | 4학년 1학기   3. 지역의 공공 기관과 주민 참여

소각장 설치로 싸우는
서울시와 마포구, 승자는 누구?

신문 읽기 전, 지식 챙기기

생활 폐기물 소각장은 생활 쓰레기 소각장이라고도 하고, 도시 쓰레기 소각장이라고도 해요. 생활 폐기물 중 분리수거 되는 재사용·재활용품, 폐가구·폐가전제품 등의 대형 쓰레기, 사료화·퇴비화의 원료용 음식물쓰레기 등을 제외한 불에 잘 타는 폐기물을 주로 소각해요.

　새로운 생활 폐기물 소각장 설립을 두고 서울시와 마포구가 갈등을 겪고 있어요. 서울시가 마포구에 소각장을 추가 설치하겠다고 하자, 마포구청은 소각장 추가 설치 결정을 철회하라고 서울시에 요구했어요. 마포구의 요구에 서울시는 "신규 소각장은 반드시 있어야 한다"라고 반박하며 양쪽 모두 팽팽하게 맞서고 있어요.

　쓰레기 직매립이 금지되는 2026년, 서울시는 하루 평균 744톤의 소각 처리가 필요한 상황이에요. 마포구는 현재 서울시에서 운영하는 4개 소각장의 시설을 개선하면 충분히 처리할 수 있어 추가 설치할 필요가 없다고 주장해요. 또 시민들이 버리는 쓰레기의 60~70%가 재활용이 가능한 쓰레기이므로, 쓰레기를 재활용할 수 있는 정책을 개발하고 사람들에게 바르게 알리는 것이 먼저라고 주장했어요.

　서울시는 2026년부터 생활 폐기물 직매립이 금지되기 때문에 이에 대비하기 위해서 하루 1,000톤의 쓰레기를 처리할 수 있는 새로운 생활 폐기물 소각장(광역자원회수시설)이 꼭 필요하다고 주장해요. 서울시 전역을 대상으로 객관적 기준에 따라 입지 후보지들을 검토했고 공정하게 마포구 상암동을 선정했다는 입장이에요. 그동안 주민 설명회, 공청회를 통해 주민들의 의견을 충분히 듣고, 반대하는 단체의 대표와 구의원 등을 대상으로 주민 소통 협의회를 운영하는 등 적법한 절차에 따라 선정했음을 강조하고 있고요.

　이런 서울시의 설명에도 마포구 쓰레기 소각장 설치 예정지 인근 주민들의 반대

는 여전히 지속되고 있어요. 앞으로 서울시와 마포구가 어떤 합의점을 찾을지 주목해볼 필요가 있어요.

기사 더 알아보기

1. 기사의 내용을 확인해 보세요.

분리수거되는 재사용·재활용품, 폐가구·폐가전제품 등의 대형 쓰레기, 사료화·퇴비화의 원료용 음식물쓰레기 등을 제외한 불에 잘 타는 폐기물을 주로 소각하는 곳을 ☐☐ ☐☐☐ ☐☐☐ 이라고 해요.

2. 맞으면 O, 틀리면 X 하세요.

- 생활 폐기물 소각장 설립을 두고 서울시와 마포구가 갈등을 겪고 있어요. ☐
- 마포구는 현재 서울시에서 운영하는 소각장의 시설만으로도 충분하다는 이유로 소각장 추가 설치를 반대해요. ☐
- 서울시는 2026년 생활 폐기물 직매립 금지에 대비하기 위해 새로운 생활 폐기물 소각장이 꼭 필요하다고 해요. ☐

3. 깊이 탐구해 보세요.

- 쓰레기 소각장 설립에 관해 마포구와 서울시의 입장을 정리해 보세요.

비교	마포구	서울시
설립 입장(찬/반)		
근거		

- 여러분은 누구의 입장에 더 동의하나요? 그 이유는 무엇인가요?

___

___

 어휘 알아보기

소각장 : 쓰레기나 폐기물을 불에 태워 처리하는 장소를 말해요.
철회 : 이미 제출하였던 것이나 주장하였던 것을 다시 거두어들이거나 의견을 다시 고치는 것을 말해요.
직매립 : 별도의 과정을 거치지 않고 바로 파묻는 것을 뜻해요.
개선 : 잘못된 것이나 부족한 것, 나쁜 것 등을 고쳐 더 좋게 만드는 것을 뜻해요.
입지 : 사람들이 경제 활동을 하기 위해 선택한 장소를 뜻해요.
공청회 : 국가나 공공 기관이 국민에게 영향을 끼치는 사업을 시행하기 전에 시민, 전문가 등이 모여서 의논하는 회의를 말해요.
합의점 : 어떤 문제의 해결을 위해 서로 조금씩 양보하여 의견의 일치를 이루어 내는 것을 말해요.

연계 교과 과정 | 5학년 1학기   2. 인권 존중과 정의로운 사회

위험에 빠진 청소년을 보호해 주세요!

신문 읽기 전, 지식 챙기기

법은 사람들의 권리를 보호하고자 나라가 만든 규범이에요. 법은 누구나 지켜야 하는 강제성이 있으며 법을 어겼을 때는 국가로부터 제재를 받아요. 그리고 법이 사회 변화에 맞지 않거나 사람들의 인권을 침해하는 상황이 발생하면 법을 바꾸거나 새롭게 만들 수 있어요.

    청소년 보호법은 우리나라의 미래를 이끌어갈 청소년들을 여러 해로운 환경으로부터 보호하고 건전한 인격을 가진 어른으로 성장하도록 보호하기 위해 만들어졌어요. 청소년 보호법의 예로 청소년 노동법을 들 수 있는데요. 최근 청소년을 고용하고 있는 사업장 10곳 중 8곳이 노동법을 위반하고 있는 것으로 드러났어요. 노동법을 위반한 사례는 일한 후 급여를 주지 않는 **임금 체불**이 가장 많아 어린 청소년을 상대로 이득을 빼앗는 사업자들이 많은 것으로 나타났어요.

    고용노동부에 따르면 지난 3년간 만 20세 이하 청소년을 고용한 업체 4만 7,530여 곳 중 3만 7,049곳에서 노동법을 위반한 사례가 적발되었어요. 무려 78.2%에 달하는 수치예요. 지난 2020년부터 2022년 사이에 청소년 노동자가 직접 신고한 노동법 위반 사건도 2만 75건에 달했으며 청소년근로권익센터에 접수된 상담 건수는 한 해에 1만 9,028건이나 돼요. 상담 유형 중 가장 많은 건 '임금 체불'이었고 그다음으로는 '해고', '세금 및 4대 보험 문제', **근로 계약**을 체결하지 않은 경우', '폭언·폭행·성희롱'도 있었어요. 앞으로 감독과 점검을 강화해 청소년 노동을 보호하고 공정한 노동 환경을 제공할 수 있도록 더 많은 노력이 필요해요.

    이와 같이 법은 약자인 청소년들을 보호하도록 만들어졌는데요. 한편, 같은 목적으로 만들어진 소년법인 촉법소년에 대한 폐지를 주장하는 의견도 점점 늘어가고 있는 추세예요. 지난 2019년 12월, 한 초등학교 5학년 여학생이 자신의 가족을 험담했다는 이유로 동급생에게 흉기를 휘둘러 살해한 사건이 있었어요. 하지만 가해자

는 촉법소년이었기 때문에 그대로 가족에게 돌아갔지요. 촉법소년은 범법 행위를 한 만 10세 이상 14세 미만의 청소년으로, 형사 책임 능력이 없다고 판단돼 보호 처분만 가능해요.

이런 촉법소년은 지난해까지 최근 5년간 모두 6만 6,000명에 달하는 것으로 나타났어요. 2019년에는 8,600여 명 정도였는데 꾸준히 증가해서 지난해에는 1만 9,000명을 넘겼어요. 이에 따라 촉법소년의 처벌을 강화해야 한다는 목소리가 높아지고 있어요. 촉법소년 연령을 1살 낮춰 만 13세로 바꾸거나, 강력 범죄에 한해 처벌하는 법을 만들자는 시도도 있었어요.

하지만 청소년들이 문제를 법으로 심판하는 것만이 해결책은 아니에요. 소년범들의 재범률이 성인보다 2배 이상 높다는 사실을 볼 때, 교화 시설에서 올바른 사회 구성원으로 길러내는 게 더 중요하다는 지적이 나오고 있어요. 더구나 국제사회에서도 촉법소년 기준을 만 14세 나이로 유지하도록 권고하고 있어요. 따라서 촉법소년의 범죄 예방을 위한 교육 체계를 갖춰 전문적인 교정을 받도록 이끄는 게 우선순위란 목소리가 커지고 있어요.

기사 더 알아보기

1. 기사의 내용을 확인해 보세요.

청소년을 고용하고 있는 많은 사업장에서 ☐☐☐ 을 위반하고 있는 것으로 드러났어요.

2. 맞으면 O, 틀리면 X 하세요.

- 청소년 노동법을 위반한 사례 중 가장 많은 경우가 임금 체불 문제였어요. ☐
- 촉법소년의 처벌을 강화하는 것만이 촉법소년 증가의 문제를 해결하는 방법이에요. ☐
- 법은 사회 변화에 맞지 않더라도 바꾸거나 새롭게 만들 수 없어요. ☐

3. 깊이 탐구해 보세요.

- 청소년 노동법에 대한 구체적인 내용을 조사해 보세요.

_____

_____

- 기사에 나온 것과 같이 청소년 범죄율을 줄이기 위해 촉법소년의 처벌을 법적으로 강화해야 한다는 의견이 나오고 있어요. 이에 대해 어떻게 생각하는지 의견을 써 보세요.

_____

_____

- 청소년의 입장에서 청소년의 권리를 보장받기 위한 법을 만든다면 어떤 내용의 법일지 소개해 보고 이유도 함께 써 보세요.

_____

_____

어휘 알아보기

임금 체불 : 일한 댓가로 급여를 마땅히 지급하여야 하는데 이를 지급하지 못하고 미루는 상태를 말해요.
근로 계약 : 사업자와 근로자 사이에 노동력을 제공하는 것과 임금을 지급할 것을 약속하는 계약을 뜻해요.
범법 행위 : 법을 어기는 행위를 말해요.
형사 책임 능력 : 자기 행동의 성격을 이해하고 자신을 통제할 능력이 있기 때문에 불법 행위에 대해 벌을 받아야 하는 책임을 질 수 있다고 법이 인정하는 개인의 지적 상태를 뜻해요.
교화 : 가르치고 이끌어서 좋은 방향으로 나아가게 함을 말해요.
교정 : 교도소나 소년원과 같은 곳에서 재소자(교도소 등에 수감된 사람)의 잘못된 품성과 행동을 바로 잡음을 뜻해요.

연계 교과 과정 | 6학년 1학기 1. 우리나라의 정치 발전

선거철 가짜 뉴스를 조심하세요!

신문 읽기 전, 지식 챙기기

가짜 뉴스는 아예 없던 일을 실제 언론사 기사처럼 만들거나 거짓 정보를 사실인 듯 포장해 퍼뜨리는 뉴스를 말해요. 최근 들어 인공지능 기술을 이용해 제작된 가짜 뉴스가 많은 사회 문제를 만들어내고 있어요.

생성형 인공지능, 일명 AI가 만드는 '가짜' 영상·이미지·음원·뉴스 등으로 발생하는 문제가 많아졌어요. 특히 2024년에는 세계 여러 나라에서 중요한 선거가 치러지기 때문에, AI로 만든 가짜 뉴스, 딥페이크 등의 선거 콘텐츠가 많아질 거라는 우려가 나오고 있어요.

AI 선거 콘텐츠 중 특히 문제가 되는 것은 딥페이크예요. 딥페이크는 기존 사진이나 영상 등의 원본에 다른 이미지, 목소리, 영상 등을 겹쳐서 진짜처럼 합성하는 고급 기술이에요. 선거 운동을 시작한 다른 나라의 경우 이미 이 기술이 악용되고 있어요. 상대 후보가 하지 않은 말과 행동을 딥페이크를 통해 사실인 것처럼 만들어 흑색선전물로 이용하고 있어요. 딥페이크 가짜 뉴스가 위험한 이유는 유권자들이 후보에 대해 잘못된 정보를 갖게 되기 때문이에요. AI 선거 콘텐츠가 공정한 선거 절차를 위협할 수 있고, 실제 투표에도 영향을 미치게 되어 민주주의는 지켜질 수 없게 돼요.

그래서 유럽과 미국을 중심으로 AI 저작물을 적극적으로 규제하는 분위기가 만들어지고 있어요. 오픈AI와 메타, 구글, 마이크로소프트 등 소프트웨어를 만드는 회사들은 딥페이크와 같은 기술을 활용한 가짜 뉴스 확산을 방지하는 데 노력을 기울이기로 했어요.

우리나라도 올해 실시하는 국회의원 선거부터 AI 기술을 이용해 실제와 구분하기 어려운 가상의 음향, 이미지, 영상 등을 선거 운동에 활용하는 것을 금지하기로 했어

요. 가짜 뉴스를 막고 공정한 선거를 할 수 있도록 지속적인 관심을 기울여, 우리의 소중한 민주주의를 지킬 수 있도록 해야겠어요.

기사 더 알아보기

1. 기사의 내용을 확인해 보세요.

아예 없던 일을 실제 언론사 기사처럼 만들거나 거짓 정보를 사실인 듯 포장해 퍼뜨리는 뉴스를 ☐☐ ☐☐ 라고 해요.

2. 맞으면 O, 틀리면 X 하세요.

- 2024년 세계 여러 나라에서 중요한 선거가 치러지기 때문에 가짜 뉴스, 딥페이크 등 AI 선거 콘텐츠에 관한 우려가 커요. ☐
- 딥페이크 가짜 뉴스를 보고 유권자들이 후보에 대해 왜곡된 생각을 할 수 있어요. ☐
- 우리나라는 AI 기술 등으로 만든 실제와 구분하기 어려운 가상의 음향, 이미지, 영상 등을 활용해 선거 운동하는 것을 제재하지 않아요. ☐

3. 깊이 탐구해 보세요.

- 가짜 뉴스로 인한 피해 사례를 조사해 보세요.

_____

_____

- 가짜 뉴스를 막을 수 있는 좋은 방법에는 무엇이 있을까요?

_____

_____

- 가짜 뉴스를 만든 사람들에 대한 처벌을 어떻게 해야 할지 생각해 보세요.

___

___

 어휘 알아보기

우려 : 근심하거나 걱정하는 것을 뜻해요.
합성 : 둘 이상의 것을 합쳐서 하나로 만드는 것을 뜻해요.
흑색선전 : 근거 없는 것을 사실처럼 조작하여 남을 해롭게 하고, 혼란스럽게 하는 정치적 방법을 말해요.
유권자 : 선거할 권리를 가진 사람을 말해요.
방지 : 어떤 일이나 현상이 일어나지 않게 하는 것을 말해요.

연계 교과 과정 | 5학년 1학기   2. 인권 존중과 정의로운 사회

2023년 노벨평화상 수상자, 나르게스 모하마디

신문 읽기 전, 지식 챙기기

히잡은 무슬림 여성들이 머리 등에 두르는 얇은 천을 말해요. 히잡은 사막 지역의 척박한 환경 탓에 천으로 몸을 가려 뜨거운 태양에서 자신을 보호하는 의상 문화가 자연스럽게 발전한 것인데요, 현재는 정숙한 무슬림 여성을 상징하는 수단이 되고 있어요.

  2023년 노벨 평화상의 수상자는 이란의 여성 인권 운동가 나르게스 모하마디로 선정되었어요. 레이스 안데르센 노벨위원회 의장은 "모하마디는 이란의 여성 억압에 맞서 싸우고 모든 사람의 인권과 자유를 증진하는 데 기여했다"라며 선정 이유를 밝혔어요.

  무슬림에게 코란은 신성한 이슬람교 경전이에요. 코란에서는 자신의 살을 드러내지 않는 정숙한 여성의 모습이 강조되어요. 덕분에 이슬람을 국교로 하는 나라들은 여성들에게 히잡을 의무로 착용할 것을 엄격하게 강요하고 있어요. 한편 인권 운동가들은 무슬림 여성에게 히잡을 의무적으로 착용할 것을 강요하는 게 여성의 권리를 억압하고 침해한다고 여겨요. 그래서 이에 저항하는 시위나 운동들이 무슬림 곳곳에서 시작되어 전 세계적으로 퍼져나가고 있어요.

  나르게스 모하마디는 조직적인 차별과 억압에 맞서 여성들이 존엄한 삶을 살 권리를 얻기 위해, 히잡으로 몸을 가리고 눈에 띄지 않도록 요구하는 법에 맞서 싸우고 있어요. 모하마디는 이란의 여성 인권 운동 외에도 이란의 민주주의를 위한 운동이나 사형 제도 반대 운동 등을 이끌었답니다. 이에 이란 정부는 지금까지 모하마디를 13번 체포했고 다섯 차례 유죄를 선고했으며 총 31년형과 154대의 태형을 부과했어요.

  모하마디는 현재에도 감옥에 수감되어 있어요. 그래서 노벨 평화상도 옥중에서

수상하게 되었지요. 노벨 위원회는 수상자 발표 직후 "이란 정부가 모하마디를 석방하길 바란다"라고 밝혔어요. 모하마디는 수감 중에도 지난해 발생한 '히잡 시위'에 대한 지지 의사를 밝히거나 다른 정치범들과 연대하는 등 투쟁을 이어 가고 있어요. 이번 수상은 여성의 권리를 위해 거리 투쟁에 나서는 이란 내 여성들에게 국제적 스포트라이트를 비출 것으로 생각해요.

"수상의 영광은 모든 이란인의 것입니다. 자유와 평등을 위해 싸우는 이란의 용감한 여성들과 소녀들에게 영광을 돌립니다"라며 모하마디 가족은 그를 대신해 소감을 전했어요.

한편 이란 혁명재판소는 이미 징역 12년 형을 선고받고 감옥살이 중인 모하마디에게 정부에 반대되는 주장들의 홍보물을 퍼뜨렸다는 혐의로 15개월의 징역을 추가로 선고했다고 해요.

기사 더 알아보기

1. 기사의 내용을 확인해 보세요.

2023년 노벨 평화상은 이란의 여성 인권 운동가 ☐☐☐☐ ☐☐☐☐ 가 수상자로 선정되었어요. 모하마디는 이란의 여성 억압에 맞서 싸우고 모든 사람의 인권과 자유를 위해 활동하고 있답니다.

2. 맞으면 O, 틀리면 X 하세요.

- 이란의 여성 인권 운동가 나르게스 모하마디는 이란의 여성 억압에 맞서 여성의 인권을 신장시키고 이란의 민주주의를 위한 운동이나 사형 제도 반대 운동 등을 이끌었어요. ☐
- 나르게스 모하마디는 석방되어 노벨상 시상식에 참여하였어요. ☐
- 인권 운동가들은 히잡의 의무 착용을 강요하는 게 여성의 권리를 억압하고 침해한다고 여기고 있어요. ☐

3. 깊이 탐구해 보세요.

• 히잡 의무 착용에 대한 찬성과 반대 의견을 정리해 보세요.

찬성	반대

• 현재 이란에서는 여성들이 히잡을 착용하지 않을 시 최대 10년의 징역형을 내리겠다고 밝혔는데요. 이와 같이 이슬람 국가들의 여성 히잡 의무 착용에 대한 강력한 규제를 어떻게 생각하는지 나의 의견을 글로 써 보세요.

_____

_____

• 지구촌 곳곳에서는 '히잡 착용' 외에도 다양한 갈등 사례들이 많아요. 지구촌에서 일어나고 있는 갈등 사례 중 하나를 선택하여 조사해 보세요.

_____

_____

어휘 알아보기

인권 : 인간으로서 당연히 가지는 기본적인 권리를 뜻해요.
존엄 : 인물이나 지위가 감히 범할 수 없을 정도로 높고 엄숙함을 뜻해요. 인간의 존엄이란 한 개인은 가치가 있고 존중받고 윤리적인 대우를 받을 권리를 타고났음을 뜻해요.
선고 : 선언해서 알리는 것, 재판의 결과인 판결을 알리는 것을 뜻해요.
태형 : 죄인의 엉덩이나 등을를 매 때리는 형벌을 뜻해요.
정치범 : 정치적인 활동을 이유로 감옥에 갇힌 사람을 뜻해요.

연계 교과 과정 | 6학년 1학기   2. 우리나라의 경제 발전

경공업 수출이 30년 만에 최고!

신문 읽기 전, 지식 챙기기
광복 이후 6·25 전쟁으로 우리 경제는 큰 어려움에 빠졌어요. 이에 정부는 경제개발 5개년 계획을 세워 경제를 발전시키기 위해 노력했어요. 경제개발 5개년 계획은 국가 경제발전을 목적으로 5년 단위로 짜여 추진되었던 경제계획을 말해요.

소비재가 다시 주력 수출품으로 떠오르면서 '경공업 2.0' 시대가 열린다는 분석이 나오고 있어요.

우리나라 산업 구조의 변화 과정을 살펴보면 먼저 1960년대에는 가발, 신발, 섬유 등 비교적 가벼운 물건을 만드는 경공업이 발달하였답니다. 그리고 1970년대에는 기술의 발전으로 철강, 배, 자동차 등 무거운 제품이나 화학 섬유 제품 등을 만드는 중화학 공업이 발달하였으며 1980년대에는 자동차, 전자 산업이 크게 성장해요. 1990년대에는 반도체 산업이 발달하며 2000년대 이후에는 생명공학, 인공지능, 우주항공 등 첨단 산업 및 서비스 산업이 발달하고 있어요. 이처럼 새로운 산업이 발달함에 따라 우리나라 경제도 함께 성장해 왔답니다.

1970년대 경공업이 주를 이루던 산업화 시기에 우리나라는 값싼 노동력으로 섬유나 각종 생활용품을 제조해 판매했어요. 하지만 이제는 우리나라만의 소프트 파워를 활용해 세계 시장에서 경쟁력을 갖추고 있어요. 저렴한 가격을 앞세운 상품이 아니라 미국, 유럽 등 선진국에서 인기를 끄는 고품질 제품을 주로 생산하고 있기에 한국 소비재의 세계적인 위상도 한층 높아졌답니다.

실제로 2023년에는 화장품, 비누, 김, 라면 같은 소비재 수출이 크게 늘었는데요. 우리나라 수출에서 경공업 수출 비율이 29.8%로 거의 30%에 가까워지며 30년 만에 최고 기록을 경신했어요. IT 제품 비율이 늘면서 2000년대 후반에는 6%대까지 떨어졌던 경공업 비율은 2020년 20.2%를 기록한 뒤 급증했어요. 반면 그동안 우리

나라의 산업 구조에서 큰 비율을 차지했던 반도체 등 IT 제품 비율은 20% 아래로 떨어지면서 30년 만에 가장 낮은 수치를 기록했어요.

한국무역협회에 따르면 화장품 수출은 최근 5년 사이에 34.9%로 증가했고 샴푸 등 헤어 제품은 40.8%, 가방도 38% 증가했다고 해요. 현재 해외에서는 드라마, 영화 같은 K-콘텐츠에 힘입어 한국 음식들의 인기도 높아지고 있어요. 김치, 김밥, 만두 등 대표적인 한국 음식들이 외국에서 인기몰이 중인데요. 이를 입증하듯 라면 등 면류는 5년 사이 112.6%, 김은 52.9%나 수출이 늘었었답니다.

소비재를 생산하는 기업들은 미국, 유럽을 넘어 중동 국가, 중남미, 아프리카로 시장을 개척해 나서며 '경공업 2.0' 시대로의 산업 구조 변화 흐름을 가속화하고 있어요.

기사 더 알아보기

1. 기사의 내용을 확인해 보세요.

고품질 소비재가 다시 주력 수출품이 되면서 ☐☐☐ 이 주목받고 있어요.

2. 맞으면 O, 틀리면 X 하세요.

- 우리나라 경공업 수출 비율이 30년 만에 최고 기록을 세웠어요. ☐
- 최근 우리나라의 경공업은 값싼 노동력으로 제조해 저렴한 가격을 앞세운 제품들로 수출을 늘렸어요. ☐
- 드라마와 영화 같은 K-콘텐츠가 외국에서 음식, 화장품과 같은 소비재 상품의 인기를 견인하는 데 큰 역할을 했어요. ☐

3. 깊이 탐구해 보세요.

• 우리나라의 대표 수출품인 IT 제품의 수출 비율은 감소하고 고품질의 소비재 제품 수출 비율은 증가하고 있다고 해요. 이에 대한 문제점이나 우려되는 부분은 없는지 생각해 봅시다.

_____

_____

• 우리나라는 새로운 산업의 발달에 따라 성장해 왔어요. 미래에는 우리나라에 어떤 산업이 발달하게 될지, 유망한 산업은 어떤 종류일지 조사해 보거나 상상해 보세요.

_____

_____

• 미국 뉴욕의 대형 마트에서 판매를 시작한 냉동 김밥이 SNS에서 입소문을 타면서 출시 열흘 만에 250톤가량이 완판될 정도로 선풍적인 인기를 끌고 있어요. 우리가 즐겨 먹는 한식 중 외국인들에게 판매하고 싶은 음식을 골라 어떻게 조리하여 판매할지 아이디어를 생각해 보세요.

_____

_____

어휘 알아보기

소비재 : 사람들이 생활하면서 사용하는 물건. 즉 쌀, 그릇, 자동차, 옷 따위를 말해요
산업 구조 : 한 나라 또는 한 지역에서 각종 산업이 차지하는 비중이나 상호 관계를 말해요.
경공업 : 부피에 비하여 무게가 가벼운 물건을 만드는 일을 뜻해요.
중화학 공업 : 철강, 금속, 기계, 화학, 석유 등 무게가 무거운 제품이나 화학 제품을 생상하는 일을 뜻해요.
소프트 파워 : 군사력이나 경제력 등의 상대를 위협하며 강압적인 권력을 휘두르는 '하드 파워'에 대응하는 말로, 강요나 권력이 아닌 매력을 통해 상대에게 영향력을 끼치는 능력을 말해요.

연계 교과 과정 | 6학년 1학기   2. 우리나라의 경제 발전

미래의 먹거리, 반도체

신문 읽기 전, 지식 챙기기

기업은 소비자들의 수요를 충족하기 위해 상품과 서비스를 생산해요. 이때 더 많은 이윤을 얻기 위해 소비자를 분석하고 효율적인 방법을 연구하지요. 정부는 기업이 공정하지 않은 경제 활동을 감시하고 규제하며 더 많은 기업이 물건을 만들어 팔 수 있도록 지원해요.

현대 산업에서 반도체는 매우 중요한 역할을 해요. 반도체 기술은 다양한 산업에서 핵심적인 역할을 수행하지요. 클라우드 산업의 핵심인 데이터 센터와 대규모 데이터 프로세싱 및 태블릿과 스마트폰, 모바일 디바이스의 모든 것이라 볼 수 있어요.

현재 반도체는 우리나라의 최대 수출품이자 수입 품목이기도 해요. 1990년대 개인용 컴퓨터와 전자 제품의 생산이 증가하면서 우리나라는 우리 기술로 반도체를 개발하기 시작했어요. 그래서 현재는 세계에서 손꼽히는 반도체 개발·생산국 중 하나가 되었지요.

반도체는 쓰임에 따라 정보를 저장하는 메모리 반도체와 저장된 정보를 기반으로 연산하고 명령을 내리는 역할을 하는 시스템 반도체, 이렇게 두 갈래로 나뉘어요. 이 중 한국은 메모리 반도체 분야에서 강국의 입지를 구축하고 있지만, 시스템 반도체(비메모리)에서의 경쟁력은 약한 상황이에요. 시스템 반도체는 4차 산업 혁명 시대의 인공지능(AI) 사물인터넷(IoT), 자율주행 자동차 등의 핵심 부품으로 활용돼요. 그렇기에 전체 반도체 시장에서 70%의 비중을 차지하는 시스템 반도체 분야의 전쟁에서 승리해야 진정한 반도체 강국이 될 수 있는데, 우리나라는 갈 길이 먼 상황이

에요.

　정부는 그간 시스템 반도체 분야 육성을 위해 고민해 왔는데요. 300조 원에 달하는 금액을 기업에게 유치해 오는 2042년까지 세계 최대 규모의 '첨단 시스템 반도체 클러스터'를 경기도 용인에 조성하기로 했어요. 인프라를 만드는 것뿐만 아니라 인재 양성에도 무게를 두어 대학교에서도 자율적으로 교육 운영을 할 수 있도록 한다고 해요. 또한 반도체 산업의 인력 부족을 해결하기 위해 반도체 제조 회사들은 연세대, 고려대, 카이스트 등 여러 대학들과 협약하여 반도체 계약학과를 개설 중이에요. 대학에서는 기초 또는 특정 분야의 전문성을 갖춘 연구소를 운영하며 기업과 협력하여 고급 기술을 연구하고 서로의 인프라를 활용하지요.

　이처럼 정부와 기업, 대학이 반도체 발전을 위해 노력하고 있어요. 미래의 산업 대비 차원에서의 반도체를 향한 투자가 효과를 거두길 기대해 봐요.

기사 더 알아보기

1. 기사의 내용을 확인해 보세요.

우리나라는 시스템 ☐☐☐ 분야에서 경쟁력을 높이기 위해 노력하고 있어요.

2. 맞으면 O, 틀리면 X 하세요.

- 반도체는 미래의 먹거리라고 할 만큼 현대 산업에서 매우 중요한 역할을 해요. ☐
- 우리나라는 반도체 강국으로 시스템 반도체 분야에서 전 세계적으로 경쟁력이 높아요. ☐
- 시스템 반도체 분야를 육성하기 위해 기업뿐 아니라 정부와 대학에서도 노력하고 있어요. ☐

3. 깊이 탐구해 보세요.

- 반도체가 무엇인지, 어디에 쓰이는지 등 반도체에 대해 더 조사해 보세요.

- 반도체와 같이 국가적으로 중요한 산업에 기업이 투자를 할 때 세금 혜택을 확대해 주는 일명 'K칩스법'이 국회를 통과해 시행될 예정이라고 해요. 이처럼 국가적으로 중요한 산업에 참여하는 기업에 혜택을 주는 것이 옳은지에 대한 자신의 의견을 정리해 써 보세요.

어휘 알아보기

반도체 : 금속처럼 전기나 열이 잘 통하는 물질과 유리처럼 전기나 열이 통하지 않는 물질의 중간 성질을 가지고 있어요. 반도체는 낮은 온도에서는 전기가 잘 통하지 않지만 높은 온도에서는 전기가 잘 통해요. 이러한 특성 때문에 여러 전자 제품에 중요한 부품으로 사용돼요.

클라우드 : 데이터를 인터넷과 연결된 중앙컴퓨터에 저장해서 인터넷에 접속하기만 하면 언제 어디서든 저장된 데이터를 이용할 수 있도록 만든 시스템을 말해요.

데이터 센터 : 인터넷과 연결된 데이터를 모아 두는 시설을 뜻해요.

디바이스 : 어떤 특정한 목적을 위한 장치를 뜻해요.

사물인터넷 : 사물과 사물이 인터넷으로 연결되어 서로 정보를 주고받는 환경을 뜻해요.

클러스터 : 연관이 있는 산업의 기업과 기관들이 한곳에 모여 있는 것을 뜻해요.

인프라 : 사회적인 생산 기반이나 경제 활동의 기반을 형성하는 기초적인 시설을 말해요. 도로, 항만, 농업 기반, 공항 등이 인프라의 예에요.

연계 교과 과정 | 5학년 1학기 1. 국토와 우리 생활

독도 넘보는 일본에 이어 이어도를 넘보는 중국

신문 읽기 전, 지식 챙기기

우리나라의 영역은 우리나라가 주인 역할을 할 수 있는 땅으로 영토, 영해, 영공으로 나뉘어요. 영토는 한반도와 그 주변 섬이에요. 영해는 우리나라 영토 주변의 바다로 기준선(동해안은 대부분은 해안선, 서해안과 남해안은 해안선이 복잡하고 섬이 많아 가장 바깥쪽에 있는 섬들을 직선으로 연결한 선)으로부터 12해리(약 22km)까지예요. 영공은 우리나라 영토, 영해 위의 하늘을 말해요.

이어도는 제주도의 서남쪽에 있는 우리나라의 영토예요. '이어도'라는 이름 때문에 섬이라고 생각하기 쉽지만, 국제법상으로는 섬이 아니라 해수면으로부터 4.6m 아래에 잠겨 있는 수중 암초예요. 이어도라는 명칭은 우리나라 국립해양조사원의 해도(海圖)상 공식 지명이에요. 이곳에는 2006년 3월 준공한 우리나라 최초의 해양 과학 기지가 있어요. 이어도 해양 과학 기지는 해양, 기상, 환경 등 종합 해양 관측을 수행하기 위해 설치된 해양구조물이에요.

최근 '오픈 스트리트 맵(Open Street Map)'이라는 온라인 지도에 이어도가 중국 명칭인 '쑤옌자오(苏岩礁·소암초)'로 표기돼 논란이 되고 있어요. 이어도가 어느 나라와 가장 가까운지 살펴보면 제주 마라도로부터 서남쪽으로 149km, 중국의 퉁다오(童島)로부터 동쪽으로 247km, 일본 도리시마(鳥島)에서 서쪽으로 276km 떨어져 있어 한·중·일 3국 중 한국과 가장 가까워요.

유엔 해양법상 바다에는 배타적 경제 수역(Exclusive Economic Zone, EEZ)이 존재해요. 배타적 경제 수역이란, 자기 나라 연안으로부터 200해리까지의 자원에 대해 독점적인 권리를 행사할 수 있는 수역을 뜻해요. 그런데 우리나라, 중국, 일본은 서로 가깝기 때문에 배타적 경제 수역이 겹쳐요. 이어도가 있는 지역도 마찬가지예요. 이럴 경우 유엔 해양법은 두 나라가 협상을 통해 경계를 정하도록 하고 있어요.

그런데 우리나라와 중국은 이어도에 대해 아직 합의를 하지 않았어요. 그래서 중국은 이어도 관할권을 계속해서 주장하고 있어요. 국제 관례상 두 나라의 배타적 경제 수역이 겹칠 경우 그 중간 지점을 기준으로 관할권을 인정하므로 우리나라는 이어도가 우리 관할이라고 주장해 오고 있어요. 합의가 되기 전까지는 이어도에 대한 이슈도 독도 이슈처럼 분쟁이 지속될 수 있어요. 이어도에 관심을 갖고 해양 분쟁에 대비를 해야 해요.

기사 더 알아보기

1. 기사의 내용을 확인해 보세요.

자기 나라 연안으로부터 200해리까지의 자원에 대해 독점적인 권리를 행사할 수 있는 수역을 □□□ □□ □□ 이라고 해요.

2. 맞으면 O, 틀리면 X 하세요.

- 이어도는 섬이 아니라 수중 암초예요. □
- 우리나라, 중국, 일본은 위치가 서로 가깝지만 배타적 경제 수역이 겹치지 않아요. □
- 중국은 이어도가 중국의 관할 지역이라고 주장하고 있어요. □

3. 깊이 탐구해 보세요.

- 이어도가 중국 관할이라는 주장에 대응하기 위해 우리나라가 해야 할 일은 무엇일까요?

_____

_____

- 가까운 나라끼리 배타적 경제 수역이 겹치는 경우에는 경계를 어떻게 정해야 하는지 찾아 써 보세요.

___

___

어휘 알아보기

해도 : 바다의 깊이, 항로, 암초 위치, 해안의 지형, 해류나 조류의 성질 등 선박이 바다를 항해하는 데 필요한 정보예요.

준공 : 공사를 다 마치는 것을 말해요.

해양 과학 기지 : 해양 관측 정보를 생산하고 연구하기 위한 목적으로 만든 해상 구조물이에요. 해양 환경의 변화를 실시간, 장기적으로 감시하며 자료를 수집해요.

관측 : 사람의 눈이나 기계로 천체나 기상의 상태, 추이, 변화와 같은 자연 현상을 관찰하고 측정하는 일을 말해요.

유엔 해양법 : 국제 사회에서 바다에 관한 국제적인 규약으로 바다의 헌법과 같은 것이에요. 바다의 경계를 나누거나 바다의 광물 자원, 해양 오염 방지를 위한 국가의 권리와 의무, 해양과학 조사 시 허가에 관한 규정, 국제 해양법 재판소 설치 등에 대한 내용을 포함하고 있어요.

해리 : 바다에서 거리를 나타내는 단위로 1해리는 1,852km예요.

독점 : 혼자서 모두 차지하는 것을 말해요.

관할권 : 일정한 권한을 가지고 통제, 지배할 수 있는 범위를 말해요.

관례 : 이전부터 내려오는 일처리의 습관이 여러 사람들이 널리 인정하는 질서나 풍습으로 굳어진 것을 말해요.

연계 교과 과정 | 5학년 1학기 1. 국토와 우리 생활

우리나라에는 해저 지형 지도가 있다!

신문 읽기 전, 지식 챙기기

우리나라 지형은 동쪽이 높고 서쪽이 낮아요. 국토의 대부분이 산지이고, 동쪽과 북쪽에 높고 험한 산이 많아요. 주요 하천은 대부분 서해, 남해로 흘러가요. 주로 하천 근처에 발달하는 평야는 대부분 서쪽에 분포하고 있어요. 동해안은 해안선이 단순하고, 서·남해안은 해안선이 복잡하고 섬이 많아요.

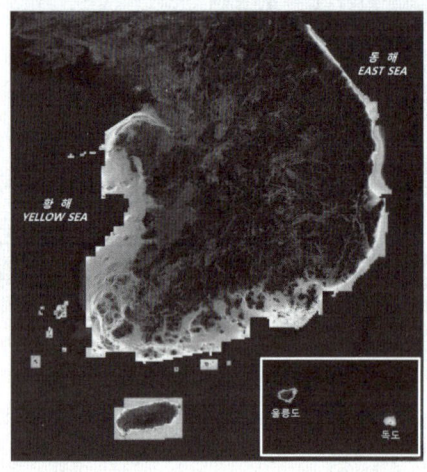

국립해양조사원은 2003년부터 우리나라 연안 해역을 정밀 조사해 왔어요. 2022년 영종도 및 태안 서부, 제주도 동부, 고흥 근처 조사를 마지막으로 우리나라 연안 해역에 대한 해저 지형 조사를 완료했다고 밝혔어요.

우리나라 연안 해역에는 소형 선박의 통항이 많고 암초 등 항해 위험물이 여기저기 흩어져 있어요. 그래서 이 지역을 정밀 조사해 항해자들에게 해저 지형 등의 정확한 항해 정보를 제공하여 선박들이 안전하게 운항할 수 있게 하고, 연안의 개발·이용·보존 등에 활용하기도 해요. 이것을 연안 해역 조사라고 하는데요. 국립해양조사원의 연안 해역 조사 결과, 우리나라 서해안은 조수 간만의 차가 커 인천 영종도 부근, 태안 부근, 영광 부근 등 간석지가 넓게 분포된 것을 확인했어요. 또 영종도 부근 간석지는 조류의 영향으로 남서쪽으로 약 350~400m가량 이동된 것을 확인할 수 있었어요.

남해안은 섬이 많이 분포되어 있어 섬과 섬 사이 수로골이 다양하게 발달되어 있

사진: 〈우리나라 연안 해저지형 지도〉, 2024년, 국립해양조사원(https://www.khoa.go.kr/Main.do), 작성자 김태형

었고, 동해안은 연안에서 조금만 나가도 수심이 급격히 깊어졌어요. 또한, 선박이 자주 오가며 어업 활동이 활발한 서해안 및 남해안 연안에 항해 위험물이 많이 분포하고 있었어요. 이번 연안 해역 조사를 통해 새롭게 발견한 항해 위험물인 암초, 가라앉은 배 959건도 해도에 포함되었어요.

마찬가지로 어업 활동이 활발히 이루어지고 있는 태안 및 고흥 부근 해역에서는 많은 어장, 인공 어초, 소형 앵커 등이 확인되었고, 제주도 부근 해역에는 용암이 굳어서 생긴 현무암 특이 지형을 여러 개 확인했어요.

국립해양조사원 관계자는 "주기적이고 지속적인 정밀 조사를 통해 선박의 항해 안전 정보를 제공하고, 연안을 효율적으로 개발·이용·보존해 나가는 데 필요한 과학적 기초 자료를 확보·제공할 계획이다"라고 말했어요.

기사 더 알아보기

1. 기사의 내용을 확인해 보세요.

항해자들에게 정확한 항해 정보를 제공하여 선박들이 안전하게 통항할 수 있게 하고 연안의 개발·이용·보존 등에 정보를 활용하기 위해 위해 국립해양조사원에서 실시한 조사를 ☐☐ ☐☐ ☐☐ 라고 해요.

2. 맞으면 O, 틀리면 X 하세요.

- 우리나라는 2022년부터 해저 지형 조사를 해 왔어요. ☐
- 우리나라 서해안은 간석지가 넓게 분포되어 있어요. ☐
- 동해안은 연안에서 멀리 나가도 수심이 깊지 않아요. ☐

3. 깊이 탐구해 보세요.

- 영종도, 태안, 제주도, 고흥, 영광 지역이 각각 한반도의 어디에 있는지 조사해 보고, 이 지역들의 공통점을 써 보세요.

_____

_____

 어휘 알아보기

연안 : 육지와 접한 바다, 강, 호수의 물가를 뜻해요.
해역 : 바다 위의 구역을 말해요.
암초 : 물속에 보이지 않는 바위나 산호예요.
조수 간만의 차 : 해수면의 높이가 가장 높을 때 만조, 가장 낮아졌을 때를 간조라고 하는데 만조와 간조의 차이를 조수 간만의 차라고 해요.
간석지 : 밀물 때는 물에 잠기고 썰물 때는 물 밖으로 드러나는 모래 점토가 있는 땅이에요. 비슷한 말로는 갯벌이 있어요.
앵커 : 어떤 설치물을 튼튼히 정착시키기 위한 보조 장치를 말해요.

연계 교과 과정 | 6학년 2학기 2. 통일 한국의 미래와 지구촌의 평화

지구촌의 평화를 위협하는 갈등, 종교 분쟁을 멈춰 주세요!

신문 읽기 전, 지식 챙기기

자신의 종교만이 진리라고 믿어 다른 종교에 대해 적대적 감정을 갖게 되면 종교 간에 갈등이 나타나요. 종교 갈등에 국가 간의 대립이나 민족 간의 이해관계가 더해지면 대규모 분쟁으로 확대되기도 하는데 이것을 종교 분쟁이라고 해요.

    제2차 세계 대전 이후 유대인들은 팔레스타인 지역에 이스라엘을 건국하면서 그 지역에 오랜 시간 거주했던 팔레스타인 사람들을 무력으로 추방했어요. 이때부터 시작된 이스라엘과 팔레스타인의 분쟁은 지금까지 계속되고 있어요. 2007년 팔레스타인 가자지구의 통치권을 팔레스타인 이슬람주의 정당이자 테러 단체인 하마스가 장악하면서 이스라엘과 하마스의 갈등이 더 깊어졌지요.

    2023년 10월 7일 하마스가 이스라엘 남부를 겨냥해 수천 발의 로켓포를 발사했어요. 이스라엘의 민간인들을 살해하고 인질들을 납치하면서 이스라엘-하마스 간의 전쟁이 시작되었어요. 하마스의 기습 공격을 당한 이스라엘은 곧 전쟁을 선포하고 보복하기 시작했어요.

    이스라엘과 하마스 간의 군사력 차이가 크기 때문에 팔레스타인 민간인들의 피해가 커요. 이스라엘은 팔레스타인 사람들이 사는 가자지구의 전기와 수도를 끊고, 공격을 확대했어요. 그 결과 수만 명의 팔레스타인 사람들이 목숨을 잃고, 다친 사람들은 제대로 된 치료를 받을 수도 없었어요. 또 식량 공급을 받지 못해 영양실조와 기아 문제가 심각하다고 해요. 가자지구의 최남단에 있는 도시 라파에 국제 구호 단체들이 구호품을 보냈지만, 이곳에도 이스라엘 군이 공습해 구호 물품을 전달하기 어려워졌어요.

    계속되는 이스라엘의 공격으로 민간인들의 피해가 많아지자 국제적 비난이 커지

고 있어요. 미국, 독일, 프랑스, 요르단 등의 나라가 이스라엘-하마스의 휴전 협상을 위해 노력하고 있고 유엔도 휴전을 하도록 촉구하고 있지만, 휴전 협상은 좀처럼 성사되지 않고 있어요. 전쟁으로 인한 사람들의 희생이 더 커지기 전에 휴전 협상이 성사될 수 있도록 국제 사회의 관심이 필요해요.

기사 더 알아보기

1. 기사의 내용을 확인해 보세요.
팔레스타인 영토를 둘러싼 이스라엘과 팔레스타인의 관계에서 발생한 분쟁을 ☐☐☐☐-☐☐☐☐☐ 분쟁이라고 해요.

2. 맞으면 O, 틀리면 X 하세요.
- 이스라엘은 하마스의 기습 공격 이후 곧 전쟁을 선포하고 하마스에 보복하기 시작했어요. ☐
- 이스라엘과 하마스 간에 군사력 차이가 크기 때문에 팔레스타인 민간인들의 희생이 커요. ☐
- 이스라엘의 공격으로 민간인들의 피해가 많아지자 여러 나라들이 휴전을 위해 많은 노력을 기울이고 있어요. ☐

3. 깊이 탐구해 보세요.
- 이스라엘과 팔레스타인의 갈등은 오래되었어요. 갈등의 원인이 무엇인지 정리해 보고, 여러분이 국제 분쟁 조정가라면 이스라엘과 팔레스타인의 평화를 위해 어떻게 중재를 할 것인지 생각해 보세요.

- 전쟁으로 고통받고 있는 팔레스타인 어린이를 돕는 방법을 생각해 보세요.

- 지구상의 또 다른 분쟁 지역을 찾아보고 분쟁의 원인이 무엇인지 정리해 보세요.

 어휘 알아보기

장악 : 무엇을 마음대로 할 수 있게 되는 것을 뜻해요.
민간인 : 관직이나 군대에 속하지 않는 보통의 사람을 뜻해요.
인질 : 약속을 지키는 것에 대한 담보가 되어 상대편에게 강제로 붙잡힌 사람을 뜻해요.
보복 : 남에게 받은 해로움을 그만큼 되돌려 주는 일을 뜻해요.
구호품 : 재해나 재난 등으로 어려움을 겪는 사람을 돕기 위해 보내는 물건을 말해요.
휴전 : 전쟁을 하는 나라가 서로 합의하여, 전쟁을 얼마 동안 멈추는 일을 뜻해요.

연계 교과 과정 | 6학년 2학기   2. 통일 한국의 미래와 지구촌의 평화

'기후 난민'이라는 말 들어 보셨나요?

신문 읽기 전, 지식 챙기기
난민이란 전쟁이나 재난 따위를 당하여 곤경에 빠진 사람들을 말해요. 전쟁, 테러, 극도의 빈곤, 자연재해 그리고 정치적 괴롭힘을 피해 다른 나라로 가는 사람들을 말하기도 하지요.

기후 난민은 지구 온난화 등 기후 변화로 인해 집을 포기해야 하는 사람들을 말해요. 해수면 상승으로 사는 곳이 사라지는 해안 지역, 반복적인 가뭄으로 식량 생산이 어려운 지역, 대홍수로 모든 것이 휩쓸려 간 지역 등 그들이 살고 있던 집을 떠나 다른 곳으로 옮겨 갈 수밖에 없는 상황에 처한 사람들이 기후 난민이 돼요.

기후 난민이 주로 발생하는 지역은 대부분 아시아와 아프리카, 남아메리카 대륙에 있는 개발 도상국과 최빈국들이에요. 이 나라들의 공통점은 자연재해가 일어났을 때 피해 규모가 크고, 피해를 회복하기 어려우며, 기후 재난을 예방하는 시설을 만들 돈이 부족하다는 거예요.

국제 NGO 보고서 'GRID 2023'에 따르면, 작년에 자연재해와 전쟁 때문에 고향을 떠나 자기 나라 안의 다른 지역으로 간 난민이 7,000만 명이 넘는다고 해요. 난민은 계속 증가하고 있고, 놀랍게도 전쟁 난민보다 기후 난민이 더 많아요.

앞으로 폭우, 폭염, 가뭄 등의 기상 이변이 더 많아지면 기후 난민의 수도 더 늘어날 거예요. 기후 난민이 되어 삶의 터전을 잃고 사는 곳을 떠나야 하는 사람들에게

는 새로운 집과 치료를 위한 병원, 그리고 교육 지원이 필요해요.

최근 호주는 남태평양 섬나라, 투발루의 국민들을 기후 난민으로 받아들이기로 했어요. 해수면 상승으로 섬이 매년 조금씩 물에 잠기는 투발루의 국민들을 돕기로 한 것이지요. 이러한 호주의 결정처럼, 지역 사회와 세계인들의 지혜와 힘을 모아야 할 때예요.

기사 더 알아보기

1. 기사의 내용을 확인해 보세요.

지구 온난화 등 기후 변화로 인해 삶의 터전을 떠나야 하는 사람들을 □□ □□ 이라고 해요.

2. 맞으면 O, 틀리면 X 하세요.

- 기후 난민이 주로 발생하는 지역은 오세아니아, 아메리카 대륙에 위치한 나라들이에요. □
- 기후 재난으로 고향을 떠난 기후 난민이 전쟁 난민보다 많아요. □
- 기상 이변이 더 많아지면 기후 난민의 수가 급증할 거예요. □

3. 깊이 탐구해 보세요.

- 기후 난민을 돕는 방법을 생각해 보세요.

내가 도울 수 있는 방법	우리나라가 도울 수 있는 방법	전 세계가 도울 수 있는 방법

- 여러분은 난민 수용에 관해 어떤 입장을 가지고 있나요? 난민 수용을 찬성하는지 반대하는지에 대한 자신의 의견과 그 이유를 써 보세요.

___

___

 어휘 알아보기

해수면 : 바닷물의 표면을 해수면이라고 해요. 해수면은 해발고도를 측정하는 기준이 되는데, 해발고도가 100미터라면 평균 해수면에서 100미터 높은 곳에 있다는 의미예요.

개발 도상국 : 산업 근대화와 경제 개발이 선진국보다 뒤떨어진 나라를 말해요. 개발 도상국은 공업화가 어느 정도 진행되어 2차 산업의 비중이 높은 나라예요. 개발 도상국보다 산업 발달이 더딘 후진국은 1차 산업에 의존하고, 1인당 국민 소득이 낮으며 식량 부족 문제를 겪기도 해요.

최빈국 : 1인당 국민 소득이 적고 대외 부채 잔액이 많은 가난한 나라를 말해요.

연계 교과 과정 | 6학년 2학기   2. 통일 한국의 미래와 지구촌의 평화

북극의 자원을 사수하라!

신문 읽기 전, 지식 챙기기

지구촌 갈등이 쉽게 해결되지 않는 이유는 어떠한 문제로 인한 이익과 손해로 얽혀져 있는 이해 당사자가 서로 양보하지 않기 때문이에요. 종교, 민족, 자원, 영토 등 다양한 문제들이 복잡하게 얽혀 있기도 해요.

　러시아는 2023년 12월, 북극을 관측하는 기상 위성 '아르크티카-M2'를 쏘아 올렸어요. 이것은 2021년 2월에 처음 발사한 위성 아르크티카-M에 이어 두 번째예요. 이 두 위성으로 북극 지역을 15분마다 관찰하고 연간 최대 200만 장의 이미지를 송수신할 수 있게 됐어요. 러시아는 2031년까지 북극 관측용 위성 2개를 더 발사할 계획이에요. 이뿐만 아니라 러시아는 북극에 군사기지도 두고 있어요.

　왜 이렇게 러시아는 북극에 큰 관심을 보이는 것일까요? 그것은 북극이 가진 여러 중요성 때문인데요. 북극에는 전 세계에서 아직 발굴되지 않은 에너지 자원의 22%가 매장되어 있고 심지어 스마트폰, 전기 자동차 등을 만들 때 필요한 원소도 많아요. 기후 변화로 북극해의 얼음이 녹으면서 이런 자원 채굴이 쉬워지고 물류 이동도 가능해졌어요. 물류 이동을 위해 배를 타고 북극 항로를 지날 경우, 다른 항로를 이용할 때보다 운항 거리는 30% 이상, 운송 기간은 약 10일 정도 단축할 수 있다고 해요.

　남극 조약처럼 관리 체계가 없는 것도 러시아가 북극에 관심을 보이는 이유 중 하나예요. 연안국이 북극해 이익을 독점하는 것을 경계하기 위해 많은 나라들이 관심

을 기울이고 있어요. 현재는 8개 연안국을 회원국으로 하는 북극이사회가 북극 문제를 다루고 있어요. 연안국들은 북극에 대한 권한을 두고 서로 대립하고 있고 비연안국들도 이에 참여하기 위해 치열한 눈치작전을 펼치고 있지요.

이런 가운데 우리 정부가 극지 연구개발(R&D) 예산안의 67%를 줄여 논란이 되고 있어요. 이렇게 R&D 예산이 줄면 중단되는 연구가 늘어날 가능성이 높아요. 중국·일본·인도 등은 장기적인 계획을 세우고 각종 북극 정책을 개발·추진하고 있어요. 미래 자원과 기술 선점을 위해 우리나라도 적극적인 대책이 필요해요.

기사 더 알아보기

1. 기사의 내용을 확인해 보세요.

북극 연안국과 여러 비연안국이 북극 참여에 관심을 갖고 서로 경계하는 이유 중 하나는 아직 발굴되지 않은 ☐☐☐ ☐☐ 때문이에요.

2. 맞으면 O, 틀리면 X 하세요.

- 북극은 현재 북극 조약 체결 후 연안국들이 관리하고 있어요. ☐
- 북극에는 많은 에너지 자원이 매장되어 있어요. ☐
- 북극 비연안국들은 연안국들이 북극에서 발생하는 이익을 독점하는 데 관심이 없어요. ☐

3. 깊이 탐구해 보세요.

- 북극에 대한 권한과 참여를 위해 여러 나라가 대립하고 눈치작전을 펼치는 이유 세 가지를 찾아 써 보세요.

① _____

② _____

③ _____

- 여러분은 우리 정부가 북극 연구 예산을 줄이는 것에 대해 어떻게 생각하나요? 자신의 생각을 써 보세요.

 어휘 알아보기

송수신 : 보내고 받는 것을 말해요.
원소 : 모든 물질을 구성하는 기본 요소를 말해요.
물류 : 재료나 제품의 포장, 하역, 수송, 보관, 통신 등의 활동을 말해요.
항로 : 선박이 지나다니는 바닷길이에요.
단축 : 시간이나 거리가 짧게 줄어들거나 줄이는 것을 뜻해요.
남극 조약 : 남극 대륙을 평화롭게 이용하기 위해 만든 조약이에요.
연안국 : 강·바다·호수와 맞닿아 있는 육지 부분을 연안이라고 해요. 연안과 접해 있는 나라가 연안국이에요.
선점 : 남보다 먼저 차지하는 것을 뜻해요.

연계 교과 과정 | 5학년 2학기 1. 옛 사람들의 삶과 문화

비상! 경복궁에 테러가 일어났다!

신문 읽기 전, 지식 챙기기

경복궁은 서울특별시 종로구 사직로에 위치한 조선 왕조의 궁궐이에요. 1395년 창건되어 1592년 임진왜란으로 불에 타 1868년 흥선대원군의 주도로 다시 지었다고 해요. 궁 앞에는 광화문이 있으며 궁 안에는 국보인 근정전, 경회루와 같은 아름다운 건축물이 있는 매우 중요한 유적이에요.

 2023년 12월 16일, 서울시 종로구에서 긴 시간 동안 자리를 지켜온 경복궁이 '낙서 테러'를 당하는 일이 생겼어요. 누군가 스프레이로 경복궁 담벼락에 커다란 낙서를 한 것이지요. 심지어 낙서 테러가 일어난 다음 날, 또 다른 사람이 경복궁 담벼락에 낙서를 남겼어요. 경복궁 '낙서 테러'의 흔적을 지우기 위해 국립문화재연구원 문화재보존과학센터와 문화재청 궁능유적본부, 경복궁 관리소 보수정비단의 문화유산 보존처리 전문가들이 파란색과 붉은색 스프레이로 쓴 담장 낙서를 지우기 위해 고군분투했다고 해요.

 복구 작업 기간 투입된 총 인원은 234명으로 하루 평균 29.3명이 투입되었고 전문 장비를 빌리는 비용을 포함한 물품 비용만 2,153만 원이 들었어요. 복구 과정에 들인 인건비, 2단계 보존 처리를 위해 추가로 필요한 비용을 고려할 때 총비용은 1억 원이 넘을 것으로 예상돼요. 문화재청은 "낙서범들에게 복구에 든 비용을 징수하고, 문화재보호법에 따라 3년 이상의 유기 징역에 처할 수 있도록 대응할 계획"이라고 말했어요.

 경복궁에 그려진 스프레이 낙서를 지우는 과정도 쉽지 않았다고 해요. 우선 낙서를 지우거나 글자의 색을 옅어지게 만드는 레이저 작업에 이어 모터툴과 에어툴로 석재 표면을 갈아 내고 표면을 다듬는 작업을 했어요. 마무리 단계로 주변과 색을 맞추는 작업까지 이어졌지요.

사실 우리의 문화재가 이렇게 훼손된 건 처음이 아니에요. 2008년에는 우리나라의 랜드마크인 숭례문에 누군가 방화를 일으켜 모두 불에 타는 사건도 있었지요. 방화 사건이 일어나고 숭례문이 재건되기까지 복구 기간만 5년 3개월이 걸렸답니다.

　이렇게 우리의 문화유산이 훼손되는 일을 막기 위해 종로구는 앞으로 CCTV 사각지대에도 적외선 감지 카메라를 설치해 방범 기능을 강화한다고 해요. 무엇보다 문화유산을 아끼고 지키는 마음을 가지는 사람들이 많아져야만 이런 일이 또 생기지 않을 거예요. 다시는 이런 안타까운 사고가 일어나지 않기를 바라요.

 기사 더 알아보기

1. 기사의 내용을 확인해 보세요.

문화유산을 훼손하는 일을 막기 위해 앞으로 CCTV ☐☐☐☐ 에도 ☐☐☐ 감지 카메라를 설치, 방범 기능을 강화한다고 해요.

2. 맞으면 O, 틀리면 X 하세요.

- 문화재청은 낙서범들에게 복구에 든 비용을 징수하고, 3년 이상의 유기징역에 처할 수 있도록 대응할 계획이라고 밝혔어요. ☐
- 조선 시대의 궁궐인 경복궁은 임진왜란으로 인해 불에 탄 적이 있어요. ☐
- 경복궁 낙서를 지우기 위해 레이저로 주변과 색을 맞추는 작업을 하고 난 뒤 모터툴과 에어툴로 석재 표면을 갈아 내고 표면을 다듬었어요. ☐

3. 깊이 탐구해 보세요.

- 문화재가 훼손된다면 우리는 어떤 피해를 입게 되는지 생각해 보세요.

_____

_____

- 문화재를 훼손하는 범죄를 예방하기 위해 어떤 노력이 필요할지 생각해 보세요.

_____

_____

 어휘 알아보기

고군분투 : 어려운 상황에 처한 군대가 많은 수의 적군과 용감하게 잘 싸우는 것을 의미하는 사자성어에요.
인건비 : 사람을 부리는 데에 드는 비용을 이야기해요.
징수 : 국가나 공공 단체가 국민들에게서 세금·수수료 등을 거두어들이는 것을 뜻해요.
훼손 : 헐거나 깨뜨려 쓰지 못하게 하는 것을 말해요.
사각지대 : 어느 위치에 섬으로써 보이지 않게 되는 각도를 뜻해요.
적외선 : 파장이 가시광선보다 길고 열작용이 큰 전자기파에요.

연계 교과 과정 | 5학년 2학기   1. 옛 사람들의 삶과 문화

메타버스가 만드는
내 손 안의 미술관

 신문 읽기 전, 지식 챙기기

일제 강점기에 우리나라의 문화유산을 지키기 위해 문화재를 수집하고 연구하며 우리의 문화재를 수호한 수집가가 있어요. 바로 간송 전형필이에요. 3·1 운동을 주도한 민족사학 보성학교를 인수해 동성학원을 설립한 교육가이기도 하지요. 그는 자신이 모은 문화재들을 위해 서울시 성북구에 대한민국 최초의 근대 사립 미술관인 간송 미술관을 설립했어요.

간송 미술관은 1938년에 개관한 대한민국 최초의 근대 사립 미술관으로 훈민정음해례본을 포함한 12점의 국보와 10점의 보물, 그리고 서울특별시 유형문화재 4점 등 수천여 점의 문화재를 소장하고 있는 곳이에요.

그런데 이 간송 미술관에도 새로운 바람이 불었어요. 간송 미술관이 메타버스 플랫폼 '더샌드박스'와 함께, 조선 시대의 화가인 혜원 신윤복의 풍속화 화첩 속에 담긴 18세기 한양을 메타버스로 구현해 내겠다고 한 것이죠.

혜원 신윤복은 김홍도와 함께 조선 시대를 대표하는 풍속 화가로 당시의 생활을 보여주는 생생한 그림을 많이 그렸어요. 대표적인 작품으로 우리나라의 국보 135호인 '단오풍정(사진 참고)'과 보물 1973호인 '미인도'와 같은 작품이 있어요. 당시 선비들은 화려한 색을 사용하는 것을 좋지 않게 보았는데 신윤복은 화려한 색을 많이 사용했어요. 또 신윤복은 선비들이 자주 그리던 사군자나 신분이 높은 사람의 초상화

대신 평범한 사람들의 생활상이나 사랑에 빠진 남녀의 모습을 과감하고 솔직하게 그렸어요.

앞으로 신윤복의 풍속화를 구현해 낸 메타버스를 이용하는 사람들은 신윤복의 작품 속을 자유롭게 탐방하며 조선 후기의 풍류와 풍속을 생생하게 체험할 수 있게 될 거예요. 간송 미술관 전인건 관장은 "미술 작품을 눈으로 감상하는 것을 넘어 직접 체험할 수 있는 기회를 주고 싶다"고 밝혔어요.

기사 더 알아보기

1. 기사의 내용을 확인해 보세요.

간송 미술관은 메타버스 플랫폼 '더샌드박스'와 함께 신윤복의 ☐☐☐☐ ☐☐ 속 18세기 한양을 메타버스로 구현해 내겠다고 밝혔어요

2. 맞으면 O, 틀리면 X 하세요.

- 간송 미술관은 1938년에 개관한 대한민국 최초의 근대 사립 미술관이에요. ☐
- 간송 미술관은 훈민정음해례본을 메타버스로 구현해 내겠다고 밝혔어요. ☐
- 신윤복은 화려한 색채를 사용하여 당시 사람들의 모습을 과감하게 표현했어요. ☐

3. 깊이 탐구해 보세요.

- 메타버스 게임으로 만들어 보고 싶은 문화유산이 있나요? 그 문화유산을 왜 메타버스 게임으로 만들어 보고 싶은지 이야기해 보세요.

- 신윤복이 그린 풍속화들을 조사해 보고 그 그림을 통해 알아볼 수 있는 조선 시대의 생활상에 대해 써 보세요.

___

___

 어휘 알아보기

훈민정음해례본 : 한글의 자음과 모음을 만든 원리와 사용법을 풀이한 책이에요.
메타버스 : meta(가상,초월)와 universe(세계,우주)의 합성어로 3D 가상 세계를 뜻해요.
풍속화 : 평범한 사람들의 생활 모습을 그린 그림을 말해요.
화첩 : 그림을 모아 엮은 책을 말해요.
풍류 : 멋스럽고 풍치가 있는 일. 또는 그렇게 노는 일을 의미해요.

연계 교과 과정 | 6학년 1학기   1. 우리나라의 정치 발전

미얀마에도 봄이 올까요?

신문 읽기 전, 지식 챙기기

수단, 말리, 미얀마, 차드. 이 나라들의 공통점이 무엇인지 아시나요? 바로 '군부 독재' 국가라는 사실이에요. 군부 독재란 군사 세력이 나라의 권력을 모두 차지하고 강압적이고 독단적으로 나라를 다스리는 걸 뜻해요. 우리나라도 과거 이러한 군부 독재에 시민들이 맞섰던 적이 있지요. 지금도 세계 곳곳에서 이런 군부 독재에 맞선 시민들의 저항이 일어나고 있답니다.

2021년 2월 1일부터 지금까지, 미얀마에서 일어나고 있는 일에 대해 들어 보았나요? 미얀마는 1886년부터 영국의 식민 지배를 받다가 1948년 독립했어요. 하지만 다양한 종교 사이의 갈등으로 혼란이 계속됐고 군부는 1962년 쿠데타를 일으켜 독재를 시작했죠. 시민들은 독재에 맞서 목숨을 걸고 끈질기게 싸웠어요. 왼쪽 사진에 나오는 사람은 민주화 운동 지도자 '아웅산 수 치'인데, 2015년 드디어 그녀가 이끄는 민족민주동맹(NLD)이 선거에 압승하면서 독재가 끝나고 민주적인 정부가 탄생했어요.

군부가 호시탐탐 다시 미얀마를 차지하고자 노리던 중 다시 2021년 민족민주동맹이 선거에서 큰 표 차이로 승리를 거두자 미얀마 군부가 이에 불복하며 쿠데타를 일으킨 것이에요. 미얀마 군부는 민주화를 열망하는 시민들의 시위를 폭력적으로 진압하며 통치를 이어오고 있죠.

미얀마의 정치단체 정치범지원협회(AAPP)에 따르면 현재 군부의 폭력에 희생된 이들이 4,453명에 이른다고 해요. 유엔난민기구(UNHCR)도 올해 초, 쿠데타 이후 미얀마 내에서 집을 잃고 떠도는 이들이 260만 명을 넘는다고 밝혔어요. 국제사회의 비난이 이어지고 있지만 군부는 강경 진압을 이어 가고 있어요.

사진: ⓒ Claude Truong-Ngoc / Wikimedia Commons

미얀마의 상황을 보며 민주주의의 의미에 대해 다시 한 번 생각해 볼 필요가 있어요. 민주주의는 국가의 주권이 국민에게 있고 국민을 위하여 정치를 행하는 제도에요. 이렇게 국민을 폭력으로 제압하여 일부가 권력을 차지하는 것은 민주주의 정신에 맞지 않아요. 미얀마에 진짜 봄이 올 수 있도록 모두가 관심을 가지고 응원하며 참다운 민주주의에 대해 고민해 보아요.

기사 더 알아보기

1. 기사의 내용을 확인해 보세요.

2015년 민주화 운동 지도자인 '아웅산 수 치'가 이끄는 ☐☐☐☐☐☐ 이 선거에서 압승하면서 독재가 끝나고 민주적인 정부가 탄생했어요.

2. 맞으면 O, 틀리면 X 하세요.

- 미얀마는 군부와 민주화를 원하는 시민들 사이의 갈등으로 혼란스러워요. ☐
- 미얀마 시민들은 군부 독재에 맞서 목숨을 걸고 끈질기게 싸워 오고 있어요. ☐
- 국제 사회의 다양한 단체들은 미얀마 군부의 독재를 비난하는 목소리를 내고 있어요. ☐

3. 깊이 탐구해 보세요.

- 미얀마 군부는 시민들의 시위를 폭력적으로 진압하며 통치를 이어 왔어요. 이에 대해 어떻게 생각하는지 써 보세요.

_____

_____

- 정부가 국가를 민주적으로 다스리기 위해서는 어떤 노력이 필요할지 생각해 보세요.

___

___

어휘 알아보기

군부 : 군대 또는 군대의 지도부를 말해요.
독재 : 어떤 일을 홀로(獨) 결정하는(裁) 것을 뜻하는 말이에요. 특정한 개인, 단체 등이 어떤 분야에서 모든 권력을 차지하여 모든 일을 독단으로 처리하는 것을 뜻해요.
압승 : 크게 이기는 것을 말해요.
불복 : 남의 명령이나 결정에 대하여 복종하지 않는 것을 이야기해요.
열망 : 아주 강하게 바라는 것을 이야기해요.
진압 : 강압적인 힘으로 억눌러 진정시키는 것을 뜻해요.
강경 : 굳세게 버티어 굽히지 않는 것을 말해요.

연계 교과 과정 | 5학년 2학기   1. 옛 사람들의 삶과 문화

광개토대왕릉비,
디지털 영상으로 재탄생하다

신문 읽기 전, 지식 챙기기

최근 박물관들이 시대를 반영해 문화재와 유물들을 디지털과 접목하고 있어요. 문화재청은 360도 입체영상 같은 첨단 기술을 활용하여 궁궐, 석굴암 등의 문화유산을 직접 찾아가지 않아도 체험할 수 있는 '찾아가는 국가유산 디지털 체험관'을 60곳으로 확대 운영하기로 했어요. 독립기념관은 대한민국 임시정부 광복군 총사령관으로서 무장 독립투쟁을 전개한 백산 지청천 선생의 친필 일기를 디지털 이미지 작업을 통해 제공할 계획이라고 밝혔어요.

　1,600여 년 전에 세워진 광개토대왕릉비가 디지털 영상으로 부활했어요. 국립중앙박물관이 광개토대왕릉비의 탁본을 디지털화해 박물관에 전시한 것이지요.
　광개토대왕은 18세의 어린 나이로 고구려의 왕위에 올라 탄탄한 군사력을 바탕으로 영토를 크게 확장한 위인이에요. 광개토대왕의 아들인 장수왕은 아버지의 위대한 업적을 널리 알리고 기리기 위해 고구려 건국 신화와 왕의 즉위, 광개토대왕의 업적 등의 내용을 담은 광개토대왕릉비를 세웠어요. 광개토대왕의 화려한 업적을 담은 광개토대왕릉비는 높이가 6.34m, 너비가 1.3~2m이고 무게는 37톤이나 나가는 거대한 비석이에요.
　광개토대왕릉비가 세워진 곳은 비석이 세워질 당시에는 고구려의 영토였지만 현재는 중국의 영토에 속하기 때문에 우리가 쉽게 보기 어려워요. 그래서 국립중앙박물관은 이 비석의 탁본을 디지털 영상으로 재현해 냈지요.
　탁본이란 비석, 기와 등에 새겨진 글씨나 그림을 그대로 떠낸 종이를 말해요. 탁본할 곳에 종이를 대고 물을 뿌려 붙인 후, 물기가 어느 정도 마르면 먹물이 묻은 솜뭉치로 가볍게 두드려요. 그러면 글씨나 그림이 있는 부분은 먹물이 묻지 않아 종이에 하얗게 남고 나머지 배경은 검게 칠해져 원래의 모습을 그대로 종이에 본뜰 수

있는 것이지요.

광개토대왕릉비의 원석 탁본은 국내외에 18종이 남아있는 것으로 알려져 있는데요. 한학자 청명 임창순 선생님이 소장해, 그의 이름을 딴 광개토대왕릉비 청명본을 국립중앙박물관이 구입해 디지털 영상으로 만들어냈어요. 디지털 광개토대왕비는 실제 비석의 크기를 그대로 재현한 높이 7.5m, 너비 2.6m 크기의 미디어 타워에요. 디지털 복제본은 실제 비석보다 원문을 훨씬 또렷하게 볼 수 있다고 해요. 다양한 자료들을 활용하여 비석에는 훼손되어있는 글자들을 채워 넣었지요. 또한 디지털 키오스크를 통해 광개토대왕의 시호와 생전 업적 등 1,775자의 기록을 확인할 수 있다고 하네요.

국립중앙박물관의 윤성용 관장은 "광개토대왕릉비 원석 탁본을 상설 전시하는 것은 박물관의 용산 이전 이래 숙원 과제였다. 고구려실도 현재의 2배로 넓히겠다"라고 밝혔어요. 앞으로 고구려의 역사를 더 생생하게 가까이에서 느낄 수 있게 되었어요.

기사 더 알아보기

1. 기사의 내용을 확인해 보세요.

☐☐☐☐☐☐☐☐ 는 장수왕이 아버지의 업적을 기려 세운 것으로 고구려 건국 신화와 광개토대왕의 업적 등을 담고 있어요.

2. 맞으면 O, 틀리면 X 하세요.
- 국립중앙박물관은 광개토대왕릉비를 실물의 절반 크기의 디지털 영상으로 재현했어요. ☐
- 원석 탁본 청명본은 한학자 임창순 선생이 소장했던 것이에요. ☐
- 디지털 광개토대왕비는 중국 지안에 있는 실제 비석보다 원문이 또렷해요. ☐

3. 깊이 탐구해 보세요.

- 광개토대왕의 아들인 장수왕은 아버지의 업적을 기리기 위해 광개토대왕릉비를 세웠어요. 우리나라의 위인들을 조사해 보고, 업적을 기록한 비석을 세우고 싶은 사람을 골라 비석의 내용을 적어보세요.

_____

_____

- 우리나라의 문화유산 중 디지털 기술을 활용해 복원해 보고 싶은 문화유산이 있는지 생각해 보고 그 이유도 함께 써 보세요.

_____

_____

어휘 알아보기

재현 : 이미 경험한 것이나 학습한 것을 다시 나타내는 것을 의미해요.
소장 : 간직하여 둠, 또는 간직하고 있는 물건을 뜻해요.
시호 : 왕이 죽은 후 그 공을 찬양하기 위해 지어 준 호(본 이름 외의 이름)를 뜻해요.
상설 : 언제나 이용할 수 있도록 설비와 시설을 갖추어 둔 상태를 말해요.
숙원 : 오래전부터 바라온 소원을 뜻해요.

나는야 초등 뉴스왕
ELEMENTARY NEWS KING

부록

· 기사별 연계 교과 알아보기

· 정답

기사별 연계 교과 알아보기

3학년부터 6학년까지의 초등 사회 교과와 연계되는 신문 기사 60편을 통해 우리 사회에서 일어나는 다양한 일들을 알아보며 학업 성취도까지 함께 올려 보세요.

 3학년

1학기		쪽수
1. 우리 고장의 모습	여행을 갈 땐 지도 앱을 활용해 보세요	14
	드론으로 디지털 영상 지도를 만들어요!	18
2. 우리가 알아보는 고장 이야기	다시 찾은 문화유산 기념 우표 발행	20
	'철의 왕국' 가야의 유적지를 주목하세요!	22
3. 교통과 통신수단의 변화	재난 문자 서비스도 개선이 필요해!	16
	말 없는 마차와 혼자서 달리는 자동차	44
	세계 최초! 심야 자율주행 버스가 운행해요	64
	무궁무진한 전화기의 발전	70

2학기		
1. 환경에 따라 다른 삶의 모습	스마트팜, 농업을 바꾸다	12
	지역의 특색을 살린 식품들의 전쟁	32
	친환경 건축의 대명사, 한옥	48
2. 시대마다 다른 삶의 모습	조리 도구가 건강을 해칠 수 있다고?	34
	명절 문화가 달라지고 있어요!	40
	결혼에 대한 가치관이 변하고 있어요!	56
	우리나라에서 가장 많이 발생하는 암은 무엇일까요?	74
3. 가족의 모습과 역할 변화	아빠도 출산 휴가가 필요해요	60
	'나 혼자 산다!' 늘어나는 나 홀로 가구	77

4학년

1학기

		쪽수
1. 지역의 위치와 특성	동계 스포츠의 중심지는 어디?	68
	세계 최초로 아프리카를 포함한 세계 지도를 제작한 나라는?	86
3. 지역의 공공 기관과 주민 참여	내 손으로 우리 마을을 지켜요!	52
	골목 상권 살리기 프로젝트	97
	종이가 없어도 문제없어요	103
	소각장 설치로 싸우는 서울시와 마포구, 승자는 누구?	123

2학기

1. 촌락과 도시의 생활 모습	"엄마, 나도 밭 갈아 볼래요!" 늘어나는 농촌 유학	28
	농촌에 일손이 없으면 우리가 먹을 쌀은 누가 기를까?	62
2. 필요한 것의 생산과 교환	원산지를 속이면 안 돼!	30
	서로 주고받으며 상생해요	54
3. 사회 변화와 문화 다양성	전 세계를 누비는 K-푸드 열풍!	46
	인구 소멸의 시대	58
	나날이 발전하는 AI, 이대로 괜찮을까?	80

5학년

	1학기	쪽수
1. 국토와 우리 생활	이제, 전라북도라고 부르지 마세요	83
	대한민국을 덮치는 자연재해를 조심해요!	89
	쌀밥 없이 살 수 있을까?	92
	세계에서 가장 나이 든 나라	120
	독도 넘보는 일본에 이어 이어도를 넘보는 중국	141
	우리나라에는 해저 지형 지도가 있다!	144
2. 인권 존중과 정의로운 사회	대형 마트와 전통 시장, 상생할 수는 없을까?	100
	위험에 빠진 청소년을 보호해 주세요!	126
	2023년 노벨평화상 수상자 나르게스 모하마디	132
	2학기	
1. 옛 사람들의 삶과 문화	김연아 선수의 스케이트가 박물관에?	66
	'문화재'가 '국가유산'으로 이름이 바뀌어요!	115
	비상! 경복궁에 테러가 일어났다!	156
	메타버스가 만드는 내 손 안의 미술관	159
	광개토대왕릉비, 디지털 영상으로 재탄생하다	165
2. 사회의 새로운 변화와 오늘날의 우리	일제 강점기 때 사람 이름만 강제로 바꾼 게 아니라고?	24
	독도를 지킨 해녀를 기억합니다	26

6학년

1학기		쪽수
1. 우리나라의 정치 발전	손상된 화폐를 쌓으면 에베레스트산 높이의 16배가 된다?	50
	선거철 가짜 뉴스를 조심하세요	129
	미얀마에도 봄이 올까요?	162
2. 우리나라의 경제 발전	이젠 유모차보다 개모차!	109
	경공업 수출이 30년 만에 최고!	135
	미래의 먹거리, 반도체	138
2학기		
1. 세계의 여러 나라들	카카오의 나라, 코트디부아르를 아시나요?	94
2. 통일 한국의 미래와 지구촌의 평화	지구를 잡아먹는 대형 산불	36
	인종 차별을 없애기 위한 FIFA의 노력	38
	멀어지는 통일? 남북 관계에 적신호가 떴다!	106
	바다에서 벌어지는 소리 없는 전쟁	112
	지구촌을 위협하는 갈등, 종교 분쟁을 멈춰 주세요!	147
	'기후 난민'이라는 말 들어 보셨나요?	150
	북극의 자원을 사수하라!	153

173

정답

기사와 함께 제시된 문제를 풀어 보고 답을 확인해 보세요. 빈칸을 채우는 1번 문제와 OX를 맞추는 2번 문제는 정해진 답이 있지만, 기사를 통해 더 많은 생각을 해 보며 탐구하는 서술형 3번 문제는 아래로 제시해 드리는 예시 답변 외에도 수많은 정답이 있어요. 질문에 대한 자신만의 생각을 자유롭게 써 보세요.

 뉴스 읽기 초보

• **스마트팜, 농업을 바꾸다**
1. 스마트팜
2. O, X, O
3. 농작물이 병충해를 입거나 날씨 때문에 피해를 입는 경우가 없어 농작물 생산이 늘어나고 다양한 농작물을 기를 수 있게 돼요. 기계를 잘 다루는 젊은 사람들이 큰 스마트팜을 만들어 사람의 노력이 덜 들어가도 싱싱한 농작물을 키워낼 수 있어요.

• **여행을 갈 땐 지도 앱을 활용해 보세요**
1. 지도
2. X, O, O
3-1. 관심 지역의 식사할 곳과 숙박, 공원, 즐길 거리, 쇼핑센터, 생활편의시설까지 찾을 수 있어요. 여행을 갈 때는 여행지 인근의 맛집 찾기는 물론 숙소, 항공권 등을 예약할 수 있어요.
3-2. 지도 앱에 '아산 현충사 맛집'을 검색해 '은행나무길 국수집'을 찾았어요. 갓물 냉국수, 멸치국수, 비빔국수, 연잎만두가 주메뉴이고 건강한 국수, 맛있는 국수집이에요.

• **재난 문자 서비스도 개선이 필요해!**
1. 재난 문자
2. O, X, O
3. 공공장소에서 시민들의 안전을 위해 설치하는 비상 탈출구 같은 안내판은 다양한 언어로 함께 번역해 써 주면 좋겠어요.

• **드론으로 디지털 영상 지도를 만들어요!**
1. 디지털 영상 지도
2. X, O, X
3. 더 자세하고 높은 화질의 지도를 얻을 수 있고, 영상 업데이트 기간이 짧아져 더 최신 지도를 얻을 수 있어요.

• **다시 찾은 문화유산 기념 우표 발행**
1. 환수 문화유산
2. O, X, X
3. 하버드 대학교 미술관에서 소장하고 있는 신라의 금동반가사유상을 환수하고 싶어요. 왜냐하면 우리나라의 국보로 지정된 반가사유상과 비슷한 모양을 하고 있고, 만들어진 지 1,500년

이나 되어서 우리나라의 문화재로서 가치가 아주 크기 때문이에요.

• '철의 왕국' 가야의 유적지를 주목하세요!
1. 가야 고분군
2. O, O, X
3. 조선 시대 정조 임금 때 만들어진 수원 화성을 소개합니다. 수원 화성은 5km가 넘는 성곽으로 1997년에 유네스코 세계 문화유산으로 등록되었어요. 수원 화성은 아름다우면서도 튼튼한 성곽이에요. 무거운 물건을 쉽게 들어 올리기 위해 정약용이 발명한 거중기 같은 새로운 기술을 활용해서 지었지요.

• 일제 강점기 때 사람 이름만 강제로 바꾼 게 아니라고?
1. 창지개명
2. X, X, X
3. 지명을 다시 바꾸기 위해서는 많은 예산이 소모되고 시간도 오래 걸리기 때문이에요. 이미 익숙해진 지명을 갑자기 바꾼다면 주민들이 혼란스러울 수도 있어요.

• 독도를 지킨 해녀를 기억합니다
1. 제주해녀
2. O, O, X
3. 우리 영토인 독도를 지키고 독도 어장을 보호하기 위해서였어요.

• "엄마, 나도 밭 갈아 볼래요!" 늘어나는 농촌 유학

1. 농촌 유학
2. O, X, O
3. 학생: 자연과 더욱 가까워지고 기존 도시에서 하지 못했던 경험을 할 수 있어요. / 농촌: 농촌의 학교들이 폐교의 위기에서 벗어날 수 있고 농촌에 사람이 늘어나며 지역에 새로운 활기를 불어넣어 줘요.

• 원산지를 속이면 안 돼!
1. 원산지
2. O, X, O
3. 내가 자주 먹는 과자 '프링글스'의 원산지는 말레이시아예요.

• 지역의 특색을 살린 식품들의 전쟁
1. 농특산물, 경제
2. O, X, X
3. 천안에는 호두과자, 여수에는 게장, 춘천에는 막국수, 담양에는 떡갈비 등이 있어요.

• 조리 도구가 건강을 해칠 수 있다고?
1. 중금속
2. X, X, O
3. 우리 집 냄비는 스테인리스고, 프라이팬은 코팅 프라이팬, 주걱은 나무 주걱이에요. 프라이팬도 코팅이 된 것이라 거친 수세미로 설거지를 하면 안 되고, 금속 도구로 긁어서도 안 돼요. 또 나무 주걱은 잘 말리지 않으면 곰팡이가 필 수 있어서 습해지지 않도록 관리해야 해요.

• 지구를 잡아먹는 대형 산불

1. 이상 기후
2. O, X, O
3. ① 건조한 시기에 산에 갈 때는 불이 날 만한 것들을 들고 가지 않아요 / ② 건조한 시기에 캠핑을 한다면, 꼭 주변을 잘 살펴 불이 나지 않도록 예방해요. / ③ 숲과 가까운 곳에서는 논두렁 태우기를 하지 않고 쓰레기를 소각하지 않아요.

• 인종 차별을 없애기 위한 FIFA의 노력
1. FIFA, 국제 축구 연맹
2. O, O, X
3. 서로 다른 문화적 차이를 인정하고 존중하기 위해 노력해요. 선입견을 가지고 상대방을 대하지 않고 상대에게 상처를 주는 말과 행동을 하지 않아요.

• 명절 문화가 달라지고 있어요!
1. 개인
2. O, O, X
3. 우리 가족들은 명절에 모여 갈비나 잡채를 만들어 먹어요. 다음 명절에는 가족들과 함께 제주도나 강원도로 여행을 가고 싶어요. 아니면 가족들과 함께 아쿠아리움에 놀러 갔다가 맛있는 식당에서 같이 저녁을 먹고 싶어요.

뉴스 읽기 기본

- **말 없는 마차와 혼자서 달리는 자동차**
1. 자율주행
2. X, X, O
3. 자동차를 주차해 둔 곳에서 멀리 떨어져 있을 때, 자동차가 알아서 내가 있는 곳까지 찾아오는 기능을 만들고 싶어요.

- **전 세계를 누비는 K-푸드 열풍!**
1. 가공식품
2. O, O, X
3. 비빔밥을 소개하고 싶어요. 비빔밥은 한국의 전통 음식으로, 쌀로 만든 밥에 여러 종류의 야채를 올려서 만들어요. 시금치, 당근, 양파, 버섯, 콩나물, 산나물 등 몸에 좋은 야채와 함께 달걀, 볶은 고기들을 곁들이고 고추장과 참기름을 넣어 비벼 먹어요.

- **친환경 건축의 대명사, 한옥**
1. 한옥
2. O, O, X
3. 공통점: 더위와 추위를 막아주고 우리에게 편안한 잠자리와 휴식을 제공하는 삶의 터전이에요. 차이점: 우리가 지금 살고있는 집과 달리, 한옥은 자연에서 가져온 재료로 만들었고 건축 폐기물도 거의 발생하지 않아요. 지역별로 다른 형태를 갖추었고, 지역의 기후를 잘 반영했어요.

- **손상된 화폐를 쌓으면 에베레스트산 높이의 16배가 된다?**
1. 한국은행
2. O, X, X
3. 돈에 낙서를 하지 않아요. 돈을 구겨서 보관하지 않고 지갑에 잘 정리해 넣어 다녀요.

- **내 손으로 우리 마을을 지켜요!**
1. 자치
2. X, X, O
3. 우리 지역에는 전동 킥보드를 위험하게 타는 사람이 많아요. 전동 킥보드를 타는 사람들이 안전 수칙을 잘 지키면서 타는지 검문하고, 위험하게 타는 사람들에게 주의를 주었으면 좋겠어요.

- **서로 주고받으며 상생해요**
1. 경제 교류
2. X, O, O
3. 경기도 하남시와 강원특별자치도 영월군은 지역 발전을 위해 자매결연을 맺었어요. 두 지역은 서로 농산물을 직거래하고 정기적으로 마을 일손 돕기 자원봉사 활동도 한다고 해요.

- **결혼에 대한 가치관이 변하고 있어요!**
1. 가치관
2. X, X, O
3. 결혼을 할 것이다: 결혼을 하면 사랑하는 가족과 함께 행복한 시간을 보낼 수 있기 때문에 결혼을 할 거예요.
결혼을 안 할 것이다: 결혼을 하면 아이도 돌봐

야 하고 해야 할 일이 더 많아질 것 같아요. 결혼을 하지 않고 제가 좋아하는 것들을 하면서 혼자 살 거예요.

• **인구 소멸의 시대**
1. 저출산 고령화
2. O, O, X
3. 국가의 인구가 줄면 경제활동을 하는 사람이 줄어들고 우리나라의 노동력도 부족해져요. 노인 부양의 부담이 커지고 세대 간 갈등도 커질 수 있어요. 또한 고령 인구가 많은 농어촌 지역이 아무도 살지 않는 곳이 될 위험도 생겨요.

• **아빠도 출산 휴가가 필요해요**
1. 남녀고용평등법
2. O, O, O
3. 아빠가 가정의 일에 함께 참여하면 엄마들도 직장 생활을 적극적으로 할 수 있어요. 함께 아이를 키우면 아이에 대한 관심과 사람이 더 커질 거 같아요. 가족 간의 사이도 더 좋아져요.

• **농촌에 일손이 없으면 우리가 먹을 쌀은 누가 기를까?**
1. 자율 트랙터
2. X, O, O
3. 장점: 농촌의 일손 부족 문제를 해결해 우리의 먹거리가 위협받는 일을 막을 수 있어요.
단점: 사람들의 일자리가 줄어들 수 있고, 농촌의 인구가 더 줄어들 수도 있어요.

• **세계 최초! 심야 자율주행 버스가 운행해요**
1. 심야 자율주행 버스
2. X, X, O
3. 자율주행 기능으로 졸음운전이나 운전 미숙, 부주의에 의한 사고를 줄일 수 있다는 편리함이 있어요. 하지만 아직 자율주행 기술이 완벽하게 개발된 게 아니기 때문에 불안감을 느끼거나 위험한 상황이 생길 수 있다는 어려움도 있어요.

• **김연아 선수의 스케이트가 박물관에?**
1. 예비 문화유산
2. O, O, X
3. 손흥민 선수의 축구화를 예비 문화유산으로 신청하고 싶어요. 이 선수는 우리나라 축구 경기의 수준을 끌어올리고 해외 축구팀에서도 활동하며 우리나라를 널리 알리는 데 큰 역할을 했기 때문이에요.

• **동계 스포츠의 중심지는 어디?**
1. 중심지
2. X, O, X
3. 우리나라의 전통 춤인 부채춤을 소개하고 싶어요. 아름다운 한복과 부채가 잘 어우러져 더 아름다운 춤을 만들어내기 때문이에요. 부채춤을 처음 보는 외국인들도 우리나라의 문화에 더 많은 관심을 가지게 될 거예요.

• **무궁무진한 전화기의 발전**
1. 전화 통화
2. X, X, O
3. 심리 상담 기능을 추가해서 우울한 날에는

마음을 즐겁게 만들어주는 음악도 골라 주고, 친구처럼 마음을 위로해 줄 수 있게 하고 싶어요. 또 공부 멘토 기능도 추가해서 선생님처럼 내가 어려워하는 문제를 풀 때 도와주고 나에게 딱 맞는 공부법을 추천해 주는 기능을 넣고 싶어요.

뉴스 읽기 심화

• 우리나라에서 가장 많이 발생하는 암은 무엇일까요?

1. 국가암등록통계
2. O, O, X
3-1. 남녀 전체: 갑상선암, 대장암, 폐암, 위암, 유방암
남자: 폐암, 위암, 대장암 / 여자: 유방암, 갑상선암, 대장암
3-2. 암 발생 원인은 기름진 식습관과 운동 부족 등이에요. 몸에 좋은 음식을 먹는 습관과 규칙적인 운동을 하려고 노력해야 해요.

• '나 혼자 산다!' 늘어나는 나 홀로 가구

1. 인구 주택 총조사
2. X, O, O
3-1. 결혼을 하지 않는 미혼자와 혼자 사는 노인들이 많아지고 있기 때문이에요.
3-2. 통계청: 한집에 함께 살지 않는 가족도 생계를 같이하면 1가구로 집계해요. / 행정안전부: 실제 사는 곳(주민등록 주소지)을 기준으로 그곳에 혼자 살고 있다면 1가구로 집계해요.
3-3. 1인 가구가 많아지면 결혼을 하지 않는 사람이 많아진다는 뜻이라, 결국 저출산 문제가 생기고 인구가 감소할 수 있어요.

• 나날이 발전하는 AI, 이대로 괜찮을까?

1. 인공지능, AI
2. O, O, X
3-1. 집: 집을 나서기 전에 인공지능을 통해 엘리베이터를 미리 예약해서 기다리지 않고 탈 수 있어요. 외출할 때 집의 난방이나 조명, 가스 등을 자동으로 차단해 에너지를 절약하게 해요.
학교와 사회: 내가 모르는 것이 있을 때 인공 지능에게 질문하면 자동으로 대답을 해줘요. 인공 지능이 탑재된 자율주행 자동차로 더 안전하게 운전을 해요.
3-2. 시각 장애인들을 위한 AI 이어폰이에요. 눈이 보이지 않는 시각 장애인들이 안전하게 외출할 때 필요하다고 생각해요. 목적지까지 길을 안전하게 걷고 수월하게 갈 수 있도록 안내해 주는 기술이 들어 있어요.
3-3. 사람과 AI가 일자리를 두고 경쟁하게 돼요. AI 기술을 악용하여 가짜 뉴스를 퍼뜨리거나 다른 사람의 개인 정보를 침해하고 저작권을 위반할 위험도 있어요.

• 이제, 전라북도라고 부르지 마세요

1. 전북특별자치도
2. O, X, O
3-1. 중앙정부로부터 각종 권한을 받게 되어, 지역에서 사업을 추진할 때 속도가 더 빨라지고 국가의 재정 지원을 받기가 쉬워지기 때문이에요.
3-2. 농생명 산업과 문화 관광 산업, 고령 친화 산업, 미래 첨단 산업, 민생 특화 산업을 추진해요.

• 세계 최초로 아프리카를 포함한 세계 지도를 제작한 나라는?

1. 혼일강리역대국도지도, 강리도

2. X, X, O
3-1. 세계 최초로 아프리카를 포함해 만든 세계 지도예요. 우리 선조들이 지도의 중요성을 알고 일찍부터 세계 최고 수준의 지도를 만들었다는 것을 알 수 있어요.
3-2. ① 경기도, ② 강원특별자치도, ③ 서울특별시, ④ 인천광역시, ⑤ 충청남도, ⑥ 세종특별자치시, ⑦ 대전광역시, ⑧ 충청북도, ⑨ 경상북도, ⑩ 대구광역시, ⑪ 울산광역시, ⑫ 부산광역시, ⑬ 경상남도, ⑭ 전북특별자치도, ⑮ 광주광역시, ⑯ 전남도, ⑰ 제주특별자치도

• **대한민국을 덮치는 자연재해를 조심해요!**
1. 황사, 가뭄, 폭염, 홍수, 태풍, 한파, 폭설, 지진
2. X, X, O
3-1. 폭우, 폭염과 겨울철 이상 고온 및 한파가 있어요.
3-2. 1위: 경상북도 51명, 2위: 경기도 48명, 3위: 전라남도 26명

• **쌀밥 없이 살 수 있을까?**
1. 아열대
2. X, O, X
3-1. 인디카종: 동남아/ 길쭉한 모양/ 없음. 자포니카종: 동북아/ 둥근 모양/ 있음.
3-2. 자포니카종 쌀의 재배와 고랭지 배추의 재배가 어려워질 수 있어요. 사과, 배, 포도, 복숭아, 단감 등의 재배 적합지가 북상하다가 감소해요. 망고, 파파야, 용과, 올리브 재배 면적이 꾸준히 증가할 거예요.
3-3. 온대 기후인 우리나라가 기후 변화로 인해 아열대 기후로 바뀌고 있기 때문이에요.

• **카카오의 나라, 코트디부아르를 아시나요?**
1. 열대 기후
2. O, O, X
3-1. 코트디부아르가 카카오 생산에 적합한 열대 기후를 띠고 있기 때문이에요. 그런데 최근 이상 기후로 인해 코트디부아르에 여름에는 폭우가 내려 '검은 꼬투리병'이라는 전염병이 퍼졌고, 겨울에는 엘니뇨 현상 때문에 카카오 나무가 시들어 버려서 카카오 열매의 수확량이 많이 줄어들었어요.
3-2. 최근 지구 온난화로 인해 기온이 상승하고 가뭄이 늘어나면서 산불이 많이 나고 있어요. 2019년 호주와 2021년 미국도 산불로 큰 피해를 입었다고 해요. 2022년 우리나라 경북 울진에서 시작된 산불이 강원도 삼척까지 번져 서울 면적의 40%에 달하는 산이 불탄 적도 있어요.

• **골목 상권 살리기 프로젝트**
1. 골목 상권
2. O, X, O
3-1. ① 상인들의 교육을 강화하고 알찬 콘텐츠를 발굴했어요. ② 오래된 골목의 시설을 새롭게 고쳐 안전하고 밝은 환경을 만들었어요. ③ 골목과 예술을 결합한 예술담길만의 고유한 문화를 만들었어요.
3-2. 오산시는 골목 상권 살리기에 성공한 예산시장을 방문해 아이디어를 얻는 노력을 했고, 여수시는 전통시장과 상가 시설을 현대적으로 바꿔 새로 단장했어요.

3-3. 높고 커다란 현대식 건물보다는 가게마다 작가의 개성을 가진 상점들이 모여 있으면 좋겠어요. 각 상점마다 자신만의 콘셉트를 가지고 차별화를 두었으면 좋겠어요.

• **대형 마트와 전통 시장, 상생할 수는 없을까?**
1. 대형 마트 의무 휴업
2. O, X, O
3-1. 장점: 소비자들은 주말에도 대형 마트를 이용할 수 있어 선택권이 넓어져요. / 단점: 영세한 골목 상권의 상인들이 주말에 손님을 대형 마트에 빼앗겨요.
3-2. 골목 시장의 주력 상품은 대형 마트에서 판매하지 못하도록 제한하고 골목 상권이 무너지지 않도록 세금으로 지원해요.

• **종이가 없어도 문제없어요**
1. RE100, 종이
2. X, O, X
3-1. RE100이란, 기업이 사용하는 전력량의 100%를 재생 에너지로 충당하겠다는 목표를 가진 국제 캠페인이에요. 국내 기업 하림은 공장 옥상에 태양광 발전 시설을 설치해 재생 에너지 사용을 확대한다고 해요.
3-2. 장점: 자원을 절약하고 환경을 보호할 수 있으며 전자 시스템으로 업무 효율이 높아지고 종이 구매 비용도 줄일 수 있어요.
단점: 시스템을 구축하는 데 시간과 비용이 들며, 전자 시스템에 오류가 생기면 업무에 차질이 생기고 해킹 등으로 보안 문제가 생길 수 있어요.

3-3. 물건을 아껴 쓰고 불필요한 물건은 사지 않아요.

• **멀어지는 통일? 남북 관계에 적신호가 떴다!**
1. 조국 통일 3대 헌장 기념탑
2. O, O, X
3-1. 장점: 남한의 기술과 북한의 자원으로 나라가 더욱 부강해져요. 전쟁의 위협에서 벗어나며, 영토가 넓어지고 북한으로 왕래가 가능해져요. / 단점: 남한과 북한의 언어와 생활 습관 등의 차이로 분쟁이 생길 수 있으며 북한을 돕기 위해 경제적인 지원을 해야 해요.
3-2. 통일을 찬성해요. 통일의 과정이 힘들지만 멀리 보면 나라가 부강해지는 길이기 때문이에요. / 통일을 반대해요. 이미 각자의 체제에서 안정되게 살고 있는데, 통일이 되면 각종 문제가 생기고 큰 비용을 지원해야 하는 부담도 있어요.

• **이젠 유모차보다 개모차!**
1. 펫팸족
2. O, X, X
3-1. 보험사에서 반려동물을 위한 펫 보험 상품을 판매하고 있어요. 반려견을 위한 애견 전용 유치원에서는 놀이와 교육 등의 서비스를 제공해요.
3-2. 공동 주택에서 반려동물로 인해 발생하는 소음이나 공공장소에서의 배변, 목줄 착용 문제 등으로 다른 사람들에게 불편을 줄 수도 있어요. 또한 여러 가지 이유로 버려지는 반려동물이 많아 유기 동물이 늘어나는 문제가 있어요.

3-3. 반려동물과 함께 어디든 편하게 여행을 떠날 수 있는 여행 상품을 만들어요.

• 바다에서 벌어지는 소리 없는 전쟁

1. 영토 분쟁
2. O, O, X
3-1. 두 나라 간 영유권 분쟁의 원인은 어업 자원, 석유와 천연가스 등의 자원으로 얻을 수 있는 경제적 이익에 있어요. 또 이 지역이 중동에서 동아시아로 오는 배들의 석유 수송의 중요한 길목이기 때문이에요.
3-2. 인도, 파키스탄은 종교 갈등으로 인한 분쟁이 있고, 일본, 러시아 간 갈등은 영토 분쟁이 있어요.

• '문화재'가 '국가유산'으로 이름이 바뀌어요!

1. 자연유산
2. O, X, O
3. 김치를 담그고 나누는 문화인 김장도 유네스코에서 선정한 인류 무형 문화유산이에요. 우리나라에는 추운 겨울을 나기 위해 많은 양의 김치를 담그고 가족들과 나눠 먹는 문화가 있어요. 배추, 무, 파, 마늘, 고춧가루 등의 재료를 가지고 다양한 방법으로 김치를 담가요.

뉴스 읽기 완성

• **세계에서 가장 나이 든 나라**
1. 생산 가능 인구
2. X, O, X
3-1. 아이들이 아플 때 돌봐줄 사람이 없어요. 회사 일과 집안일, 육아를 모두 해야 해서 체력적으로 피곤해요. 아이들과 함께할 시간이 부족하고 아이들이 아플 때 돌봐줄 수 없어요.
3-2. 찬성: 우리나라 출산율이 줄어들면 생산 가능 인구도 줄어들어 경제 성장이 어려워져요. 해외의 우수한 인력을 받아들이면 국가 경쟁력을 높일 수 있어요.
반대: 이민자가 많아지면 서로 다른 문화로 인한 갈등이 생길 수 있기 때문에 사회가 불안정해질 수 있어요. 기본소득 보장, 의료보험 등 이민자를 위한 사회복지 비용이 늘어날 수 있어요.

• **소각장 설치로 싸우는 서울시와 마포구, 승자는 누구?**
1. 생활 폐기물 소각장
2. O, O, O
3-1. 마포구: 반대. 현재 서울시에서 운영하는 4개 소각장의 시설을 개선하면 쓰레기를 충분히 처리할 수 있어요. 쓰레기를 재활용할 수 있는 정책을 개발하고, 사람들에게 바르게 알리는 것이 더 중요해요. / 서울시: 찬성. 2026년 생활폐기물 직매립 금지에 대비하기 위해 새로운 생활 폐기물 소각장이 꼭 필요하고 적법한 절차에 따라 관련 시설의 입지를 마포구로 선정했어요.
3-2. 마포구의 입장에 더 동의해요. 미래를 위해서 쓰레기가 계속 늘어나는 것에 대비해 소각장을 세우기보다는 재활용 기술을 개발해 쓰레기를 줄일 수 있도록 해야 해요. / 서울시 입장에 더 동의해요. 서울시는 적법한 절차를 거쳐 장소를 정했고, 쓰레기는 더 늘어날 것이기에 미리 대비할 필요가 있어요.

• **위험에 빠진 청소년을 보호해 주세요!**
1. 노동법
2. O, X, X
3-1. 18세 미만의 청소년은 오후 10시부터 오전 6시까지의 시간이나 휴일에는 일할 수 없어요. 하지만 청소년의 동의가 있고 관할 지방고용노동관서의 장이 인가한 경우에는 해당 시간에도 일할 수 있어요.
3-2. 찬성: 촉법소년들의 범죄가 점점 늘어나며 죄질 또한 나빠지고 있으니 치안 유지를 위해서 촉법소년의 처벌을 강화해야 해요. / 반대: 아직 어린 청소년들이니 교육과 교화로 지도해야 해요. 처벌을 강화할 경우 사회로부터 낙인이 찍혀 더욱 삐뚤어질 수도 있어요.
3-3. 청소년의 과도한 사교육을 법적으로 제한하면 좋겠어요. 몸과 마음이 건강하게 자라야 할 청소년들에게 경쟁적인 사교육을 강요하면 가정의 경제와 학생들 모두에게도 안 좋은 영향을 끼칠 수 있기 때문이에요.

• **선거철 가짜 뉴스를 조심하세요**
1. 가짜 뉴스

2. O, O, X

3-1. 미국 대통령 선거에서 후보가 하지 않은 말이 딥페이크로 만들어져 가짜 뉴스가 되어 피해를 주었어요. 또한 연예인들에 대한 가짜 뉴스가 퍼져 사실이 아닌 일로 오해를 받고 있어요.

3-2. 여러 다양한 관점의 기사를 찾아보고, 뉴스를 그대로 믿기보다 사실인지 판단하며 읽는 능력을 길러야 해요.

3-3. 가짜 뉴스를 만든 사람들에게 더 강력한 처벌을 하고 더 이상 기사를 못 쓰게 하는 규제를 만들어야 해요.

• **2023년 노벨평화상 수상자 나르게스 모하마디**

1. 나르게스 모하마디

2. O, X, O

3-1. 찬성: 히잡은 여성의 인권을 억압하는 측면이 있으므로 보편규범에 어긋나기 때문이에요. / 반대: 각 민족의 역사에 다른 문화이므로 일종의 전통 의상인 히잡을 착용할 권리가 있어요.

3-2. 히잡 착용은 여성의 인권을 억압하는 측면이 있으므로 원하는 사람들만 자율적으로 착용할 수 있도록 하는 것이 맞다고 생각해요. / 히잡 착용은 민족의 문화이므로 문화를 지키고 이어 가기 위한 규제는 필요하다고 생각해요.

3-3. 시리아 내전: 처음에는 독재 정부를 축출하려는 반란군과 정부군 사이에서 시작된 내전이지만 그 밖에도 경제적, 종교적, 외교적 원인들이 더해져 10여 년이 넘게 지속되고 있는 시리아의 오랜 내전이에요.

• **경공업 수출이 30년 만에 최고!**

1. 경공업

2. O, X, O

3-1. 경공업 산업의 발달도 긍정적인 점이지만 앞으로 4차산업의 발달에 따른 IT 산업의 발전 또한 꼭 필요해요. 따라서 경공업 산업과 IT 산업 모두 성장할 수 있는 방향이 필요해요.

3-2. 로봇 산업, 빅데이터 및 인공 지능 산업 등이 있어요.

3-3. 떡볶이, 김말이, 튀김을 모아 분식집 세트를 판매하고 싶어요. SNS를 통해 분식집 세트 먹기 챌린지를 올려 홍보하면 좋겠어요.

• **미래의 먹거리, 반도체**

1. 반도체

2. O, X, O

3-1. 반도체는 낮은 온도에서는 전기가 잘 통하지 않으나 높은 온도에서는 전기가 잘 통해요. 전자제품에 중요한 부품으로 사용되고 컴퓨터, 로봇, 비행기, 자동차를 비롯하여 가정용 전기기구 등에 반도체가 많이 쓰이기 때문에 반도체를 흔히 '산업의 쌀'이라고 부르기도 해요.

3-2. 찬성: 국가적으로 중요한 산업을 나라가 지원해서 육성한다면 산업이 커지고 일자리가 늘어나 국민들의 소득도 증가하게 되어 국가적으로 이득이 돼요. / 반대: 일부의 기업에 혜택을 주는 것은 역차별이 될 수 있어요. 혜택을 주는 만큼 세금이 줄어들어 결국 다른 기업이나 개인이 더 많은 세금을 내야 할 수도 있어요.

• **독도 넘보는 일본에 이어 이어도를 넘보는**

중국

1. 배타적 경제 수역
2. O, X, O
3-1. 이어도가 우리나라 영토라는 증거를 수집해 해양 분쟁에 대비해야 해요. 또한 우리나라 국민들이 이어도 분쟁에 대해 잘 알 수 있도록 널리 알려 관심을 높여야 해요.
3-2. 두 나라의 배타적 경제 수역이 겹칠 경우 유엔 해양법에 따라 두 나라가 협상을 통해 경계를 정하는데, 국제 관례상 그 중간 지점을 기준으로 관할권을 인정해요.

• **우리나라에는 해저 지형 지도가 있다!**

1. 연안 해역 조사
2. X, O, X
3. 조수 간만의 차가 큰 서해안에 위치하고 있어 간석지가 넓게 분포되어 있어요.

• **지구촌을 위협하는 갈등, 종교 분쟁을 멈춰 주세요!**

1. 이스라엘, 팔레스타인
2. O, O, O
3-1. 이스라엘이 팔레스타인 사람들이 살던 곳에 정착하려 하면서 영토를 둘러쌀 갈등이 생겼고, 이스라엘과 팔레스타인인들이 믿는 종교도 다른 것도 원인이 되었어요. 제가 국제 분쟁 조정가라면 서로 평화롭게 영토를 나누어 가지게 하고 서로를 인정하도록 중재하고 싶어요.
3-2. 팔레스타인 어린이를 돕는 기부 행사에 참여하는 등 계속해서 관심을 가져야 해요.
3-3. 우크라이나와 러시아 간의 분쟁이 있어요. 두 나라 간의 분쟁은 영토 분쟁으로 러시아가 우크라이나를 침범하면서 시작되었어요.

• **'기후 난민'이라는 말 들어 보셨나요?**

1. 기후 난민
2. X, O, O
3-1. 나: 환경을 보호하는 생활을 실천해요. / 우리나라: 기후 난민을 돕는 구호품을 전달하거나 우리나라의 기술력으로 필요한 지원을 해요. / 전 세계: 전 세계가 노력하여 더 이상의 기후 난민이 생기지 않도록 환경 보호에 힘쓰고, 기후 난민이 안전하게 정착할 수 있도록 도와요.
3-2. 찬성: 지구에 함께 살아가는 사람으로서 난민 수용을 찬성해요. 편견을 가지지 않고 함께 지내면 충분히 잘 지낼 수 있어요. / 반대: 난민이 우리나라에 정착하면 우리나라 사람들이 여러 면에서 경제적인 지원을 해주어야 해요. 구호품을 보내는 등 다른 방법으로 돕고 싶어요.

• **북극의 자원을 사수하라!**

1. 에너지 자원
2. X, O, X
3-1. ① 북극에는 전 세계에서 아직 발굴되지 않은 에너지 자원의 22%가 매장되어 있기 때문이에요. ② 기후 변화로 북극의 얼음이 녹으면서 물류 이동이 가능하기 때문이에요. ③ 남극을 관리하는 남극 조약처럼 북극을 관리하는 관리 체계가 없기 때문이에요.
3-2. 찬성: 이미 여러 나라가 북극 연구에 뛰어들고 있기 때문에 우리나라가 뒤늦게 연구에 참여해도 큰 결과를 얻기는 어려울 것 같아요. 그

대신 우리가 이미 선점하고 있는 다른 기술 분야에 더 투자하는 게 낫다고 생각해요. / 반대: 줄여서는 안 된다고 생각해요. 북극 연구비 예산을 줄여서 북극에 대한 연구가 중단되면 미래 자원이나 기술을 선점할 기회를 놓칠 수도 있기 때문이에요.

• 비상! 경복궁에 테러가 일어났다!
1. 사각지대, 적외선
2. O, O, X
3-1. 문화재는 우리나라 사람들의 역사와 정신이 담긴 것이므로 문화재가 훼손당하는 것은 우리의 정신이 훼손당하는 것과 같아요. 또 문화재는 한 번 훼손당하면 이전과 똑같이 복원하기가 매우 어렵기 때문에 더욱 지켜야 해요.
3-2. 문화재가 얼마나 소중한 우리의 유산인지를 캠페인이나 교육을 통해 알리고 문화재를 훼손하는 사람을 제대로 처벌해야 해요.

• 메타버스가 만드는 내 손 안의 미술관
1. 풍속화 화첩
2. O, X, O
3-1. 수원 화성을 메타버스 게임으로 만들면 여기저기 탐험하듯 즐길 수 있을 것 같아요. 방탈출 게임과 비슷한 것을 만들어 화성 곳곳에서 재미있는 게임을 하며 돌아다니고 싶어요.
3-2. 신윤복의 단오풍정 그림을 보면 당시의 여성들이 냇가에 나와 몸을 씻기도 했다는 걸 알 수 있어요. 그리고 나무에 걸어둔 그네를 타며 놀기도 했어요.

• 미얀마에도 봄이 올까요?
1. 민족민주동맹
2. O, O, O
3-1. 시민들을 폭력적으로 진압하는 것은 잘못된 일이에요. 사람의 생명은 무엇보다 우선시되어야 하기 때문에 자신들의 권력을 유지하기 위해 다른 이들을 폭력으로 눌러선 안 돼요.
3-2. 정부는 국민들의 의견을 듣고 평화롭게 소통해야 해요. 국민들이 원하는 게 무엇인지 고민하고 국민들의 삶을 안전하고 건강하게 만들기 위해 노력해야 해요.

• 광개토대왕릉비, 디지털 영상으로 재탄생하다
1. 광개토대왕릉비
2. X, O, O
3-1. 윤희순 지사의 비석을 세우고 싶어요. 윤희순 지사는 대한민국 최초의 여성 의병장이에요. 시아버지가 의병으로 출정하자 의병들에게 음식과 옷을 지원하기도 하고 여성 의병 활동을 이끄는 데 적극적으로 앞장섰어요.
3-2. 경주 동궁과 월지를 복원하고 싶어요. 동궁은 신라의 왕자가 살았던 곳인데, 나라의 중요한 행사가 있을 때 이곳에서 잔치를 열기도 했어요. 동궁 옆에 있는 월지는 연못과 산으로 이루어져 있는데, 특히 밤에 보이는 조명이 아름답고 연못에 반사돼서 보이는 건물도 인상적이라고 해요. 디지털 기술로 아름다운 동궁과 월지를 복원해 직접 보고 싶어요.

나는야 초등 뉴스왕 사회편

초판 1쇄 발행 2024년 3월 31일

지은이 임영진·엄월영·진향숙·황선영
펴낸이 김동하

편집 최선경
펴낸곳 책들의정원
출판신고 2015년 1월 14일 제2016-000120호
주소 (10881) 경기도 파주시 산남로 5-86
문의 (070) 7853-8600
팩스 (02) 6020-8601
이메일 books-garden1@naver.com

ISBN 979-11-6416-207-9 (74700)

· 이 책은 저작권법에 따라 보호받는 저작물이므로 무단 전재와 무단 복제를 금합니다.
· 잘못된 책은 구입처에서 바꾸어 드립니다.
· 책값은 뒤표지에 있습니다.